U0086667

# 華嚴經疏論導讀

夢參老和尚講述

目錄

# 夢參老和尚略傳

夢參老和尚生於西元一九一五年，中國黑龍江省開通縣人。

一九三一年在北京房山縣上方山兜率寺出家，法名為「覺醒」。但是他認為自己沒有覺也沒有醒，再加上是作夢的因緣出家，便給自己取名為「夢參」。

出家後先到福建鼓山佛學院，依止慈舟老法師學習《華嚴經》，該佛學院是虛雲老和尚創辦的；之後又到青島湛山寺學習倓虛老法師的天台四教。

一九三七年奉倓老命赴廈門迎請弘老到湛山寺，夢參作弘老侍者，以護弘老生活起居半年，深受弘一大師身教的啓發。

一九四〇年起赴西藏色拉寺及西康等地，住色拉寺依止夏巴仁波切學習西藏黃教修法次第，長達十年之久。

一九五〇年元月二日即被令政治學習，錯判入獄長達三十三年。在獄中，他經常觀想：「假使熱鐵輪，於我頂上旋，終不以此苦，退失菩提心。」這句偈頌，自我勉勵，堅定信心，度過了漫長歲月。

一九八二年平反，回北京任教於北京中國佛學院。

一九八四年接受福建南普陀寺妙湛老和尚、圓拙長老之請，離開北京到廈門南普陀寺，協助恢復閩南佛學院，並任教務長。

一九八八年旅居美國，並數度應弟子邀請至加拿大、紐西蘭、新加坡、香港、台灣等地區弘法。

二〇〇四年住五台山靜修，農曆二月二日應五台山普壽寺之請，開講《大方廣佛華嚴經》（八十華嚴），二〇〇七年圓滿。

二〇〇九年以華梵大學榮譽講座教授身份來台弘法，法緣鼎盛。

二〇一七年十一月二十七日（農曆丁酉年十月初十申時），圓寂於五台山真容寺，享年一〇三歲。十二月三日午時，在五台山碧山寺塔林化身窯荼毗。

# 華嚴經疏論導讀

夢參老和尚講述
方廣編輯部整理

## 經前漫談

諸位菩薩！我們現在能夠共同學習《華嚴經》，眞是不可思議！因爲自從離開溫哥華之後，我有一年多的時間去看病，沒有再講經。到了台北之後，病好一點點，發願再講吧！我感覺無常，緣總會盡的，所以想再講《華嚴經》圓滿一下。因爲我最初學的是《華嚴經》，中間也講過幾次。在大陸南普陀寺曾經講過《華嚴經》，講到〈離世間品〉，到美國來就中斷了，從來沒有想到將來還會再講《華嚴經》。但是現在，諸位菩薩的加持，也就是你們大家加持我，我們還能共同學習《華嚴經》，這是不可思議的。

《大方廣佛華嚴經》這一部經，跟所有的經典不太相同，大家學學就知道不同點在哪裡。

這部經是說毗盧遮那佛，不是說釋迦牟尼佛。毗盧遮那佛是法身佛，釋迦牟尼是化身佛。《華嚴經》說的是毗盧遮那佛，這是與別的經的不同點。

在菩提場，也就是印度的菩提迦耶，夜睹明星赫然開悟，釋迦牟尼佛悟得了，就從那時起開始講《華嚴經》，說七處九會頓演如來的果海，這就是說佛成道的境界。其它的經先講因後講果，《華嚴經》是先講果後講因，果中有因，因中也有果。

譬如我們現在大家學習《華嚴經》，你得先建立信心，這種信心跟別的信心不同，相信你自己就是毗盧遮那佛；那麼，佛就是你，你就是毗盧遮那佛。毗盧遮那佛現在是果佛，你是因佛。你現在種了毗盧遮那的因，將來一定得到毗盧遮那的果，所以因果同時。

什麼叫「頓演」呢？不是像我們想像的七處九會，這個會完了又到那個會去說，那個會完了又到別的會去說。像我們在溫哥華講完了，到三藩市說，三藩市講完了，到紐約說，好像地點不同、處所不同，經的意思也好像不同，不過，「頓演」不是這個樣子。

「頓演」，是同時在菩提場說，也在普光明殿說；在忉利天說，也在夜摩天說，他化自在天說。塵說，剎說，有情說，無情說，這就是「頓演」的意思，也就是說佛的果海。佛的果海是什麼呢？就是我們大家的現前心，這就是一切眾生性體的本源。我們裡頭有學密宗的道友，大圓滿的次第，就是沒次第的次第，就是你現前一念心。

我問大家，你是有心來聽，還是無心來聽？有心來學《華嚴經》，還是無心來學《華嚴經》？有心，是妄心，妄想執著的心；無心，心都沒有了，你來學什麼！想想看，究竟怎麼樣來學，這就是華嚴的意思。有心啊？還是無心啊？心本來沒有，這是妄心。《華嚴經》講的心是法界心，一眞法界，就是如來果海。這點我暫時先不說，大家多思索思索，我到這裡來是用什麼心來聽？有心，無心？你自己去體悟。

這部經最初開始說的時候，是無次第的次第。我現在還沒講因地中六位菩薩，這就是七處九會，毗盧遮那如來的依正因果法門。果海講的時候就包括了因。六位，就是十信位、十住位、十行位、十迴向位、十地位，這裡頭多一個十一地，其他的經典沒有提過。

這六位在因地當中所修的就是毗盧遮那佛的果，證得的就是果；在因地的時候就叫因，像我們就是因，沒有證果。我們算哪一位呢？我們可以說有欣樂心，剛發心，信還沒有入位。到十信位信滿了，最後初住了，重新發菩提心，這就是入位，就是不退。從初住開始，經過五十一位，去掉十信，共有五十一位，這跟毗盧遮那佛同了，這叫相似的跟毗盧遮那佛同。一直到十行、十迴向、十地，叫分證的相同，乃至於究竟同。我們現在是從不覺才開始覺，這個覺就是你現在開始學《華嚴經》。

大家都知道，《大方廣佛華嚴經》又多又深又廣。這部經到我們娑婆世界來，現在我們所學的，是下本華嚴，不過連下本都還沒有翻全。

《華嚴經》有三本，上本《華嚴經》有十個三千大千世界微塵數偈。偈就是一四句話，「若人欲了知，三世一切佛，應觀法界性，一切唯心造。」這叫一偈。像這種四句為一偈，共有好多偈呢？三千大千世界微塵數偈。把三千大千世界都抹成微塵，一微塵做一個偈，有這麼多偈。總共有好多品呢？一四天下微塵數品。上本不是我們所能學的，我們的智慧達不到。

中本《華嚴經》有四十九萬八千八百偈，一二百品。

下本《華嚴經》，就是我們現在所學的經本，沒有全部翻譯完，有十萬偈四十八品。我們現在學的《華嚴經》，還不完整的。

這部經是文殊師利菩薩跟阿難在大鐵圍山結集的。佛一成道就說了《華嚴經》，阿難尊者是在佛成道的夜間降生的，佛說《華嚴經》的時候，他還是家裡的小孩子，他怎麼來結集啊？這是個問題。你學的時候要會發問，看了經有些疑問，覺知這是個問題。

另外，阿難尊者二十歲跟著佛出家，這時候佛成道已經二十年了。佛說《阿含經》就說了十二年，說《方等經》就說了八年。二十年之後，阿難長大才出家。《阿含經》、《方等經》全沒聽過，但這些經都是他結集的。另外，一直到阿難尊者三十歲，佛才把他叫到佛的身邊當侍者，這個時候佛講的每座經他才都聽得到，他爲什麼能夠跟文殊師利菩薩結集經典呢？共有兩種說法。

一種說法是，他在佛身邊當侍者，佛把所有講過的經都跟他重新說一遍，等於單獨對他說一遍。阿難的智慧，就像一個瓶子，佛說法像是水，水都入到瓶子裡了，他都收下來了，點滴不漏，所以他後來才能結集，這是一種說法。他是菩薩大權示現，就是他多生累劫在佛的身邊學法，共同學道，所以他是大權示現，這又是一種說法。不管從哪種說法，都證實了這部《華嚴經》是阿難尊者跟文殊師利菩薩結集的。

這部經，在印度的時候並沒有流傳，那些阿羅漢沒見過這部經，也沒聽說過。佛入滅六百年之後，龍樹菩薩到龍宮去，看見這麼三本《華嚴經》，就是我剛才說的上本、中本、下本華嚴。他一看，上本、中本華嚴，南閻浮提眾生無法領略，沒有這個智慧。他只有把下本華嚴帶回來，傳到人間。

這部經傳到中國，是從晉朝開始，這叫《晉譯華嚴》。《晉譯華嚴》傳到中國的時候是義熙十四年，那個時候天竺的一個和尚來到我們中國，叫做三藏法師佛陀跋陀羅，他只譯了六十卷三十四品，叫《晉譯華嚴》，不過不完整。到了唐朝證聖元年，于闐國（現在的新疆）的三藏沙門實叉難陀翻譯的是《八十華嚴》，也就是現在我們所學的這部《華嚴經》。

這兩次翻譯，都不夠十萬偈。第一譯、第二譯，十萬偈還沒有全。在經文當中，〈普賢行品〉這一品沒有全，你得看《瓔珞本願經》，就是〈普賢菩薩行品〉。還有〈十地經論〉、〈十地經論〉就是我們《華嚴經》裡的〈十地品〉，等於是一品經，單行本早就翻譯了，也沒翻全，因此十一地就略了。這些《華嚴經》翻譯的問題，我們大概瞭解就可以了。雖然經文沒有翻全，義理已經圓滿了；文字上雖然不夠完整，道理已經圓滿了。

這部經流傳到中國之後，最初是杜順和尚作的〈華嚴五教止觀〉，就是眞空絕相觀、理事無礙觀、周遍含容觀，還有賢首國師作的〈金師子章〉、〈華嚴三昧論〉等著述。

一直到清涼國師澄觀大師，他把《華嚴經》註解得非常圓滿，叫〈清涼疏鈔〉。他雖然作出〈疏〉來了，弟子們都看不懂，就請師父再註，他又作個〈鈔〉，這個〈鈔〉就是解釋〈疏〉的。〈清涼疏鈔〉很完整，是我們學習的資料。

另一種，方山長者李通玄他作了一部〈華嚴合論〉，把華嚴境界完全會歸唯心，意境很深。

學禪宗的人就看〈合論〉，很少看〈疏鈔〉；學教義的人就看〈疏鈔〉，很少看〈合論〉。有關《華嚴經》的註解，這兩種版本最全，是後來的學者所依賴的作品。

到了清朝康熙年間，福州鼓山湧泉寺，有位道霈禪師，他從小出家，二十五歲之後，他遇著《華嚴經》當為至寶，晝夜的研習。到了四十幾歲，他就把〈疏鈔〉跟〈合論〉兩部作品合起來了，摘取精華，叫做〈華嚴纂要〉。

現在，我跟大家學習《華嚴經》的時候，依據的就是〈華嚴纂要〉。〈疏鈔〉太廣，不容易入。〈合論〉太深，也不容易進入。透過〈纂要〉來研習這兩本的大意，才能夠深入，你才能夠進入。

學習《華嚴經》要有耐心，如果你一個月能夠讀一部《華嚴經》也就不錯了。恐怕你念的時候，字也深，句子也念不上來。《華嚴經》沒句號的，你得自己去找句號、找逗點啊，連句子都不容易念出來。〈清涼疏鈔〉，跟方山長者李通玄所著的〈合論〉，文字非常深奧，如果你沒有讀過古文，自己看，很不容易進入。現在還沒有人能把它翻成白話文、語體文，好像還做不到，目前還沒有這種著述。但各個的單行本，或者哪一品，這類情況都還可以；對於《華嚴經》全經，就沒有了。

我們學〈清涼疏鈔〉的時候，知道〈疏鈔〉把整部《華嚴經》從頭到尾分析得非常的清楚。如果學習的時候，跟著條理分析，比較容易進入每一品。因爲不論是經文或〈疏鈔〉都很詳盡，龐大，非常的廣。如果稍微不專心，就不能進入；再有執著，就更不容易進入。那就看你用什麼心呢？有心不可以，無心也不可以。你就拿出一個心來學吧！

〈華嚴合論〉，是先把佛的意思跟你論得很廣，爲什麼呢？會歸你自己的心。如果不能開放你的心，學得重重無盡，就先得用般若空把你的心空了，之後再依利益眾生的願力、願行，跟大悲心結合起來，這樣子你自然能入了，就可以開悟了，也就是面對《華嚴經》，你的心能明白、能進入。禪宗以學〈華嚴合論〉爲主。

將來我們到經文裡頭，慢慢學，大家可以知道得多一點，現在我說的是大意。因爲這個得按次第講，籠籠統統的，恐怕不容易進入。

〈疏鈔〉跟〈合論〉，都分十門解釋。就是「懸示」這個題目，分科分十門。方山長者李通玄也是十門，他的十門跟清涼國師的十門不同，道霈禪師把兩者合起來，略分六個段來解釋全經。

**經前懸示**

**疏論各有十門。取其大意。略立六段。一明處會品第。二分經之大科。三顯經之宗趣。四判經屬圓教。五示圓義分齊。六明所被之機。**

**今初處會品第**

**此一部全經。疏分爲七處九會。三十九品。論分爲十處。十會。四十品。疏論稍殊。意各有在。**

第一個就是明品、會。品，就是我剛才說的，《華嚴經》是三十九品。先把一品一品的大意說一說，這就是三十九品。會，九會。第一會，菩提場。第九會，逝多林。一共有九會。在那此地方講呢？在十個地點講。十處十會，這是方山長者李通玄講的。

清涼國師講的是七處九會。其實七處就是九處，爲什麼呢？初會逝多林，二會逝多林，初會普光明殿，二會普光明殿，三會普光明殿，普光明殿就講了三次。所以這一個地方講三次，就要把那兩會減少了，所以只有七個處所，就是七處九會。

方山長者講的是十處十會，他講什麼都是十，《華嚴經》是以十進位的。因爲一者數之始，十者數之終，他說什麼都要說十。爲什麼呢？十是圓滿數，表示《華嚴經》處處都是圓滿的。但從我們後學看來，感覺太浮了，有的地方不立也可以，好像多立一個很牽強，其實經的涵義並不是這樣子的。

**疏：七處九會。三十九品者。初會菩提場。普賢菩薩爲會主。說毗盧遮那如來依正因果法門。自第一卷至十一卷。共六品經。六品者。世主妙嚴品。如來現相品。普賢三昧品。世界成就品。華藏世界品。毗盧遮那品。**

現在，我們先講解清涼國師的七處九會三十九品。

初會菩提場，第一會在菩提場，就是佛成道的地點。有朝過印度佛陀遺跡的人會到菩提迦耶。但是佛說《華嚴經》的時候，跟我們現在看的完全不一樣。普光明殿離菩提場只有八里地，這是按註解上講，按其他的祖師、古德講。我到印度去找普光明殿，找不到了，尼連禪河都沒了，水都乾了。普光明殿在尼連禪河旁邊，離菩提場八里地，你去找吧。這是勝境，說是這麼說，已經找不到了。

這一會的時候，在菩提場，普賢菩薩為會主。解說每一個會的主持是哪位菩薩，這是什麼涵義呢？說這個會，佛不做主，佛在一邊聽著，而是普賢菩薩做主。來的法會大眾，不論請法或說法，都是普賢菩薩，以普賢為主。因為毗盧遮那佛不會自己說自己依正因果，讓普賢菩薩說更好一點，所以初會的會主是普賢菩薩。

說的是什麼法呢？毗盧遮那的依正因果。「依」就是依報，「正」就是身體——正報。正報就說出化身、報身、法身；依報，就是處所，祇樹給孤獨園，說法的地點，這都屬於依報。依正果報的因果。那個時候我們看的就不是娑婆世界了，不是這麼苦，而是華藏世界，莊嚴的不得了，到經文裡頭看了就知道。

八十卷《華嚴經》，說這個法門總共有好多卷呢？從一卷到十一卷，就說毗盧遮那佛依正因果。這部經說的，都屬於毗盧遮那佛因果的這些關係，其中分爲幾個，第一個〈世主妙嚴品〉，第二個〈如來現相品〉，第三個〈普賢三昧品〉，第四個〈世界成就品〉，第五個〈華藏世界品〉，第六個〈毗盧遮那品〉。六品經文十一卷，都以普賢菩薩爲會主。

**疏：第二會普光明殿。文殊師利菩薩爲會主。說十信法門。自十二卷至十五卷。共六品經。六品者。如來名號品。四聖諦品。光明覺品。菩薩問明品。淨行品。賢首品。**

第二會普光明殿，文殊師利爲會主。說什麼呢？說十信法門。佛法猶如汪洋大海，唯信能入。在經文上說：「信爲道源功德母，長養一切諸善根。」所以一說完佛果，就要你信毗盧遮那佛的因果。讓你去學，學完之後就去修，修完了之後就證得毗盧遮那果。

這不像我們平常講的經，須要三大阿僧祇劫，只要「剎那際」，一念間就成。一剎那有九十生滅，叫一剎那；也就是說你的意念，還沒有注意到，剎那就過去了，這叫剎那。時是最短了，甚至於說沒時間的時間，叫做「剎那際」，這麼一念之間就成佛了，相信嗎？很不容易信吧！

即使是《法華經》上的龍女，即身成佛，還得把女身變成男身，之後才去成佛。《華嚴經》善財童子五十三參，經過五十三個位置，從文殊菩薩那兒發心，信了一直參，參到彌勒菩薩、等覺菩薩，成就了。彌勒菩薩說：「你現在所成就的就是最初的信。」又讓他回來參文殊師利菩薩。在菩提場的時候，文殊師利菩薩告訴他去參普賢菩薩，這叫果後的普賢行，成佛之後的普賢行。普賢行分兩種，一種是菩薩位行的普賢行，在《華嚴經》裡的〈普賢行品〉；一種是果後的普賢行，成佛之後的普賢行，在〈普賢行願品〉。

從十二卷起到十五卷，也是六品經文，〈如來名號品〉、〈四聖諦品〉、〈光明覺品〉、〈菩薩問明品〉、〈淨行品〉、〈賢首品〉。〈淨行品〉大家都常讀的；

〈菩薩問明品〉相當好，我怎麼樣能開智慧？我怎麼樣能明白？我怎麼樣能有智慧？〈淨行品〉大家讀過了，智首菩薩問文殊師利菩薩：「我如何能證得阿耨多羅三藐三菩提？我怎麼樣能得大慧、無量慧、無邊慧？」總共問了一百一十種，文殊師利菩薩答他一百四十一種。這都是建立信心，是十信法門。那個時候，一信了，他就念念不忘眾生，念念不忘毗盧遮那佛，念念不忘一切諸佛。這是第二會。

**疏：第三會忉利天宮。法慧菩薩爲會主。說十住法門。自十六卷至十八卷。共六品經。六品者。升須彌山頂品。須彌頂上偈讚品。十住品。梵行品。初發心功德品。明法品。**

第三會，不是人間了，已經到了忉利天。忉利天就是佛說《地藏經》的地方；在中國道教的說法，就是玉皇大帝，那是忉利天—三十三天。

這時候法慧菩薩爲會主，說十住法門。這裡從十六卷到十八卷，還是六品經文，〈升須彌山頂品〉、〈須彌頂上偈讚品〉、〈十住品〉、〈梵行品〉。

如果我們大家讀〈華嚴三品〉的時候，看到〈梵行品〉就知道了，那是初入十住位，剛入住位，就證得空義。〈梵行品〉是講空的；〈淨行品〉是講有的，隨時叫眾生發願，念念不忘眾生。念念不忘眾生，念念不忘成佛，願一切眾生都成佛，這是信位菩薩所發的心。到了忉利天上就不同了，就要明般若空義了。

《華嚴經》是包羅萬象的，一切諸佛心論都給《華嚴經》包去了。但是它有一個總的提綱，心是毗盧遮那佛的心，因地就是毗盧遮那佛的心。就是我們現在聽了，你只要聽一回，下回來不來都沒關係，反正你已經種了這個種子了，將來遇到法會你一定能成就。不論經過多少劫、多少年，你以為很長，在諸佛看來是一念間而已。一剎那際，時無定體，都依你的心來立的。

前面為什麼只說題目？讓你知道哪一類，哪一品、哪個法會都說的是什麼。

佛說《華嚴經》只有七天，《阿含經》說了十二年，《方等經》說了八年，《般若經》說二十二年。七天是怎麼說的？頓說。我們以為是七天，或者佛經上也說是七天，其實並不是七天。好像在七個地方開了九次會，其實是頓開的。這兒在開，那兒也在開啊；這兒圓滿了，那兒也圓滿了。不是這兒說完了，再到那兒去，並不是這樣子的。七處九會頓說頓開，所以是圓頓法門。我們多提一些，讓大家知道這部經的意思。

前面都不是說這個圓頓法門，只是分一分品、經文、卷數，讓你知道分類。是不是這樣截然畫分呢？截然畫分就不叫「圓」了。次第說，是行布，有次序。還有圓融，圓融就沒次第了，說這個，那個也在說，說那個，這個也在說，說毗盧遮那佛，也說我們。

我們心裡想毗盧遮那佛，毗盧遮那佛正想我們。我們這個想跟毗盧遮那佛是一個，我們想他，他想我們，就是「佛、心與眾生，是三無差別。」是這樣的原因。這個意思，很不好懂，但是你應當經常這樣想：「我想釋迦牟尼佛，我想毗盧遮那佛，我想藥師佛，我想阿彌陀佛。」因爲你想阿彌陀佛，所以阿彌陀佛正在想你，明白這個意思嗎？因爲我們念念想佛，佛念念想我們。佛念念要度眾生，我是眾生；眾生念念要想成佛果，所以念念想成佛。《華嚴經》到〈夜摩天宮品〉，功德林菩薩爲會主，覺林菩薩讚歎佛的偈了，說：「若人欲了知，三世一切佛，應觀法界性，一切唯心造。」他說，我們的心造成佛，佛的心度我們一切眾生都成佛。兩者的意願是一樣的，所以決定能成佛。

你不要怕什麼苦難，沒關係，反正都要成佛。但是你可別生「受苦難了！」這個念頭；心無住，無生心，苦難就沒有了。苦難建立在什麼上頭呢？這要多觀想，多參。《華嚴經》是禪宗、也是密宗，密宗是因著《華嚴經》建立起來的，法相宗也是因著《華嚴經》建立起來的。一切經都是因《華嚴經》建立起來的，所以是一切經的母。

十住法門也有六品，〈升須彌山頂品〉、〈須彌頂上偈讚品〉、〈十住品〉、〈梵行品〉、〈初發心功德品〉、〈明法品〉。這已經第三會了，爲什麼還初發心啊？第三會已經到十地菩薩，初地菩薩還發菩提心啊？成了佛了還發菩提心啊？發心的力量跟範圍不一樣。

〈十住品〉的初住叫發心住。他發什麼心啊？他發心度眾生。他怎麼度啊？事相上，他跟釋迦牟尼佛一樣，八相成道，到別的世界成佛去了。《華嚴經》的初住位就有這麼大的力量，有這麼大的威德，所以叫發心住，他是重新發心度眾生。這也是六品，第三會。

**疏**：第四會夜摩天宮。功德林菩薩爲會主。說十行法門。自十九卷至二十一卷。共四品經。四品者。升夜摩天宮品。夜摩天宮偈讚品。十行品。十無盡藏品。

第四會是夜摩天宮，夜摩天宮是處所，功德林菩薩爲會主。說什麼呢？說十行法門。信了，得去做，不做不行。行就是造作義、運動義，叫修行。依著什麼修呢？就是依著自己所信的修，修毗盧遮那佛，依著毗盧遮那佛果德，佛怎麼修，我怎麼修。

從十九卷到二十一卷，有四品經文，〈升夜摩天宮品〉、〈夜摩天宮偈讚品〉、〈十行品〉、〈十無盡藏品〉。我們平常看〈十無盡藏品〉，好像很深很深，很不容易理解。一切法都無盡，無窮無盡，無邊無際。不能把虛空看成有邊，虛空沒有邊。虛空是什麼相啊？你說不出來虛空是什麼相啊！圓的裡頭是圓空，方的裡頭就是方空，它自己本身沒有形相，無盡藏的涵義就是這樣子。

**疏**：第五會兜率天宮。金剛幢菩薩爲會主。說十迴向法門。自二十二卷

**至三十三卷。共三品經。三品者。升兜率天宮品。兜率天宮偈讚品。十迴向品。**

第五會是兜率天宮，金剛幢菩薩爲會主，說十迴向法門。到十迴向法門的時候，相似覺位已經快圓滿了，就要進入分證覺位的地位了。從二十二卷到三十三卷，一共有三品經文，就是〈升兜率天宮品〉、〈兜率天宮偈讚品〉、〈十迴向品〉三品。

**疏：第六會他化自在天宮。金剛藏菩薩爲會主。說十地法門。自三十四卷至三十九卷。共一品經。一品者。即十地品。**

第六會是他化自在天宮，金剛藏菩薩爲會主，說十地法門。從初地歡喜地到法雲地。從三十四卷到三十九卷，共五卷，就說十地品；這一品佔了五卷，有的會是六品佔四卷。長短不一樣的，因爲十地品內容非常豐富。

**疏：**第七重會普光明殿。如來爲會主。說阿僧祇數量法門。及如來隨好光明功德。及普賢等諸菩薩。說十大三昧等等妙法門。自四十卷至五十二卷。共十一品經。十一品者。普賢菩薩說十定品。十通品。十忍品。佛說阿僧祇品。心王菩薩說如來壽量品。諸菩薩住處品。（上明差別因。）青蓮華藏菩薩說佛不思議法品。普賢菩薩說如來十身相海品。佛說如來隨好光明功德品。（上明差別果。）普賢菩薩說普賢行品。（明平等因。）說如來出現品。（明平等果。）上自二會來至此．一遍明六位因果。

第七會，重會普光明殿，第二次了。如來毗盧遮那佛自己爲會主，說數字，阿僧祇數量法門，大數有一百二十四個。那種數字沒辦法理解，已經到了不可說不可說。我認爲不可說不可說，連說都不可說了，之後把不可說又說了一個不可說，還有不可說不可說轉。這個「轉」是什麼意思呢？轉到哪裡去呢？凡是說數字的，你怎麼辦呢？「刹塵心念可數之。」用你的一念心就都包括了，沒有出你心外，心外無法。一切法就是你的心，法外無心。《華嚴經》這一類的義理，非常的多。你要入進去，才能眞正的解脫，這跟其它經論所講的，有所不同。

除了說阿僧祇的法門，還有〈如來隨好光明品〉。還有普賢等諸菩薩，非常的多，到經文裡頭自然就知道了，不是普賢菩薩一個人，還有很多菩薩，有十個普菩薩，頭一個字都是「普」，例如：普喜、普善、普光，都是「普」。十位菩薩說十大三昧；等覺、妙覺法門，說等覺菩薩跟佛的法門。從四十卷到五十二卷，共有十一品經文。

之後，普賢菩薩又說〈十定品〉、〈十通品〉、〈十忍品〉。佛又說〈阿僧祇品〉，不是數量了，前面是阿僧祇數量法門，這個叫〈阿僧祇品〉。心王菩薩又說〈如來壽量品〉、〈諸菩薩住處品〉。〈諸菩薩住處品〉裏有說到中國大陸，說「東方有國，名曰震旦，其處有山，號曰清涼。」這就是五台山。另外在福建有一個鐵冠菩薩住處，叫鐵冠山。菩薩的住處品，叫鐵冠菩薩住處品。在〈諸菩薩住處品〉裡頭說到的，中國就有兩個菩薩住處品，這就是「明差別因」。上來所說的這麼多，他爲什麼成佛，爲什麼證得果位，各個因不同。

像我們在大學裡頭，土木工程系、心理學系、數學系，各個系不同，在這裡就是差別因。就像我們念佛的、學密宗的、學華嚴的、學法華的，學的法門很多，這叫差別因。差別因感的果，是不是差別果呢？沒有，差別因感的還是毗盧遮那佛果。就是六位因果，就是十信、十住、十行、十迴向、十地、十一地，六位都是因，之後說證得的果。

普賢菩薩說〈如來十身相海品〉，佛說〈如來隨好光明功德品〉，還有青蓮藏菩薩說的〈佛不思議法品〉，普賢菩薩又說〈普賢行品〉。〈普賢行品〉以下又屬於因了。

佛說的〈如來隨好光明功德品〉，普賢菩薩說的〈如來十身相海品〉，青蓮藏菩薩說的〈佛不思議法品〉，這些通通叫差別果，這是說毗盧遮那佛不思議的事，如來有十身，智身、法身等，隨文再說。相好有好多呢？有無量，不是三十二相，不是八十種好，無量相、無量好。

最後，普賢菩薩說的〈普賢行品〉，不是〈普賢行願品〉，這兩品不同。〈普賢行品〉，「明平等因」，前面叫差別因，這裡叫平等因，平等因跟差別因不同。

十一地的時候，普賢菩薩說〈如來出現品〉。〈普賢行品〉是平等因，〈如來出現品〉是平等果。

這就是第一遍的「明六位因果」，從第二會到第七會都說這六位因果。第一遍說，一共說三遍。

**疏：第八三會普光明殿。普賢菩薩爲會主。說離世間法門。自五十三卷至五十九卷。共一品經。一品者。即離世間品。此二遍明六位因果。**

第八會，三會普光明殿，又是普賢菩薩爲會主，說〈離世間品〉。這一品經文非常的長，一共有六卷經就說這一品，從五十三卷到五十九卷。〈離世間品〉就是問答，普慧菩薩問普賢菩薩，問了兩百個問題。兩百個問題裡頭就包含了十信、十住、十行、十迴向、十地、十一地，六位因果。普賢菩薩答了兩千個問題，問一答十、問一答十、問一答十。在《華嚴經》裡叫「普慧雲興二百問，普賢瓶瀉兩千酬。」普慧菩薩問二百個問題，就像空中雲彩一層一層的，無窮無盡的意思；普賢菩薩答兩千個答案，就像拿瓶子倒水一樣，一下都答覆了。

這裡的問題很多，要是學會了，世間這些問題，你可都解決了；但要真有智慧，沒智慧還是解決不了。〈離世間品〉是第二遍的「明六位因果」。

**疏：第九會逝多林。如來善友爲會主。有本末二會。初世尊放光現相。答諸菩薩念請。爲本會。次文殊師利菩薩從善住樓閣。出往人間。開悟六千比丘。及指善財參五十三知識。爲末會。通爲入法界品。自六十卷至八十卷。共一品經。一品者。即入法界品，此三遍明六位因果。**

第九會逝多林，如來善友爲會主。這位菩薩叫「如來善友」，做會主。但是這個會有本會、有末會。世尊現相答覆諸菩薩的念請，有些菩薩心裡想：「請佛回答我的問題。」菩薩只是心裡作念，並沒有問。而且所問的問題都是離念境界，就像我剛才說的，有心不可以，無心也不可以。他就是心念不說話，佛也不跟他說話，而是放光來答問題。

所以我們念《地藏經》，或者念哪部經的時候，佛放很多光，這是什麼意思呢？我們不但不懂，還去分別那些光，不是的。這是說法會當中，有諸多菩薩問了很多問題，不能用言語答，他就放光。這位菩薩一看到這個光，「這解決了我的問題！」那位菩薩遇上那個光，「這解決了我的問題！」所以無量光就解決無量問題，是這個涵義。這只有在《華嚴經》才這樣講，《地藏經》沒這麼講。《華嚴經》是這樣講的，那些菩薩心裡生起念頭，佛就放光答覆他。這就叫做本會。

但是文殊菩薩從第二會之後，就離開了這個會場，到別處度眾生去了。一直到如來放光答完了問題，文殊菩薩從善住樓閣出來（善住樓閣不在人間），度了六千比丘，他們都開悟了。之後，就是善財童子參文殊師利菩薩。文殊師利菩薩告訴他說：「你要參訪善知識、參訪善友，你才能得度、才能成道。」要親近善知識。就這樣他一個一個參訪，總共五十三參，這叫〈入法界品〉。這一品都叫〈入法界品〉，這叫末會，就是從六十卷到八十卷。〈入法界品〉共二十卷，就只有這一品。

因爲善財童子是一位一位參，也就是從初信、二信、三信、四信、五信、六信，參到十信。觀世音菩薩寄位在十迴向，二十七參，參到觀世音菩薩。這是「第三遍明六位因果」。

《華嚴經》的最後兩品，一個是〈入法界品〉，一個是〈離世間品〉，就把前頭所說的，重新再說，就是「二遍明六位因果」、「三遍明六位因果」不是重覆的。但是這一品裡頭所說的，都是說六位因果。

善財童子五十三參，參五十三位善知識是怎麼修行呢？他問第一位善知識，善知識跟他說，參完了，他在去參第二個善知識的路上，就把第一個善知識開示給他的，證得了、修行好了。每一位善知識跟他說的，說了就行，他就做，等遇到下一位，他的位置已經修成功了。所以等他參到等覺菩薩，參到彌勒菩薩，在大寶樓閣一出來的時候，他證得的果位跟彌勒菩薩一樣。彌勒菩薩要他再回去參文殊菩薩，演果之因，所以說毗盧遮那佛就回來度眾生，就是這樣的涵義。

在《地藏經》上，釋迦牟尼佛跟地藏菩薩說：「你不要以爲我以佛身來度眾生，我什麼身都現啊。」換句話說，釋迦牟尼佛沒入涅槃，並沒有斷滅，還在這個世間上度眾生。要明白這個意思，佛法是不講斷滅的。

清涼國師所著的七處九會，也就是三十九品經文，大致就是這麼分的。這是題目，清涼國師把《華嚴經》分成這麼多的品。你就根據這個題目，按著次序學，如果不按照次序學，你想：「我要對照一下〈普賢行品〉跟〈普賢行願品〉有什麼不同？」你可以專學〈普賢行品〉，之後再學〈普賢行願品〉。〈普賢行願品〉是《華嚴經》之後的另一個般若義，般若尊者翻譯的，是果後普賢。那種境界都是佛的境界，一塵中有塵數剎，一個微塵裡頭有無窮無盡的佛剎，這不是因中所能理解得到的，就這麼對照著學也可以。

清涼國師這樣分析《八十華嚴》，等於是解剖，一部份、一部份剖析，要你分門別類的去看，一部份、一部份去學，讓你漸漸的能夠入。但是你可別生差別知見，你要知道這一切都只是一念，都在剎那際裡頭；七處九會三十九品就在一念之間，你可以解釋成無量劫，屈伸自在。這就是我跟大家說的，有心不可以，無心也不可以；說時間長了不可以，說時間短了也不可以。時無定體，都從你的心上立，你的心才能重重無盡啊。

就說我們這個妄心。三十多歲的人，從你記得事情開始，想一想，像我八十多歲了，從六歲起開始記得的到現在，好像是很短，沒感覺到這麼長。把這些事情一個一個安立起來，一年一年排列下來，你究竟是擱到哪裡去了？擱到腦子裡，腦子裡找不到；擱在心裡，心裡也沒有啊。心在哪裡，心也無相啊，但就有這麼多東西，這是回顧。另外還有未來的計畫。所以你的心是大、是小？我是要用這個例子來讓你體會《華嚴經》的意思。有心，你就執著了，執著這個，其餘的就放下了；你若不執著，全部都會兌現了。有心、無心，這是參的問題。

**論：**十處十會。四十品經者。

第一會在菩提場。示現初成正覺。凡六品經。同上。

第二會在普光明殿。說十信位。凡六品經。同上。

第三會在須彌山頂帝釋宮中。說十住位。凡六品經。同上。

第四會在夜摩天宮。說十行位。凡四品經。同上。

第五會在兜率天宮。說十迴向位。凡三品經。同上。

第六會在他化自在宮。說十地位。凡一品經。同上。

第七會在第三禪天。說等覺法門。謂之普賢佛華三昧會。此會來文未足。如纓珞本業經具云。彼經是化三乘人已。後如來領至菩提樹下。卻說初成佛時說華嚴經會次第。計此一會一品。通爲十處。十會。四十品經。爲此經十十成法。皆圓滿故。

其次是講方山長者李通玄的十處十會四十品，他是怎麼分的呢？大致上跟〈疏鈔〉差不多，但他也有各別不同的地方。

第一會在菩提場，示現初成正覺，六品經，跟〈華嚴疏鈔〉一樣的。

第二會在普光明殿，說十信位，也是六品經，跟〈疏鈔〉也是一樣的。

第三會在須彌山頂帝釋宮，說十住品，也是六品經文。這兩個跟〈疏鈔〉一樣的，三會、四會都一樣的。

第四會在夜摩天宮，說十行品，凡四品經文，也是同〈疏鈔〉一樣的。

第五會在兜率天宮，說十迴向品，三品經文，跟〈疏鈔〉分的也一樣的。

第七會第三禪天，說等覺法門，這個不一樣了，是李長者他自己訂立的。

說什麼呢？普賢佛華三昧。普賢佛華光三昧，或者普賢佛華三昧會也可以，這是在第三禪天說的。第三禪天第十　地是李長者自己獨特開的。這個會，因爲文沒來足，文不全；加上另外一部經，叫《瓔珞本業經》，那就全了，就是說第三禪天，說等覺法門，說第十一地。

在《瓔珞本業經》裡，毗盧遮那佛度菩薩，度緣覺，度聲聞，三乘人，把三乘人度完了之後，把他們都帶到菩提樹下。那是屬於《華嚴經》，不然《華嚴經》怎麼會舉毗盧遮那佛呢？到菩提樹下後，就重說初成佛的時候華嚴法會的次第。這一品散在十處十會裡頭說華嚴會的次第，李長者把它單立了。其實，這一會就散到七會裡頭。他這樣子立了第七會，在三禪天說的。

**論：**第八會在普光明殿。說十定法門。其定名入剎那際。爲剎那是極短促。思慮不及之地。不同三乘別論生滅。如來出世．始終不離剎那際。爲此定體．稱法界性。更無長短始終。三世總爲一際故。不同古人釋此會爲重會普光明殿。豈可見兩度三度重敘普光明殿。即云重會三會。令他作去來之見。如經意者。但以佛自體無作大悲為母。以一切種智為佛。以法無性無所依為時日歲月。以一切眾生根器為明鏡。佛于一切眾生心海。任物自見。各得自法。皆令向善。及得菩提。非是如來有重去重來相故。但明此普光明殿。是如來自性一切智種之都體也。為依報所居。此剎那際定。是佛一切智種智之法性故。意在總括一切法界眾海會等總體。如王寶印．一時頓印。不可作重會去來之見。

第八會在普光明殿，說十定法門，這是普賢菩薩說的，說十通、十忍、十定。這個定的名字叫「剎那際」。「剎那際」是什麼意思呢?極短的時間。時間最長者為阿僧祇，時間最短者為剎那。一剎那有九十生滅，我們的一秒鐘就有九十剎那。我們說眨眼，連眨眼的時間都沒有，這叫「剎那際」。就像你的思想，還沒等作意想，都過去了。這個跟三乘人，跟聲聞、緣覺講的生滅不一樣了，叫「剎那際」。

李長者說，毗盧遮那佛出世之來，沒有一念，沒有一時，離開了「剎那際」；

在「剎那際」，就是他的定體。我們不要認爲：「我剎那也沒動啊，我那時候也定了吧！這叫『剎那際』吧！」不是的，你是散亂，那個定不是剎那定。這個定超過菩薩，超過識無邊處，超過外道。說到剎那定，就是他的一念心，心定。要知道法界性，法界的體是什麼樣子呢？沒有長短，沒有始終，沒有過去，沒有現在，總爲一際。這一際是什麼際呢？就是剎那。

所以李長者解釋普光明殿，跟其它的解釋不一樣的。他認爲，要是一度普光明殿，再度普光明殿，三度普光明殿，就是重會三會，他說眾生看了就有去來之想。普光明殿開了一次會走了，走了又回來開一次會，完了又走了，又回來開一次會，眾生會有去來之想。其實沒有，就在一剎那之間，讓眾生不生去來之想。

這部經的意思是什麼呢？體會佛意，跟眾生現前心結合起來，這個時候就具體表現出這個涵義。他說佛沒有自體，無作，無願，就是以大悲爲主、大悲爲母，一切種智爲佛，一切種智是無種智的。換句話說，一個光明，一個剎那際，一個大悲心，這就是佛的實體，因爲諸法無自性，一切法都無性故。這個「性」

是「習種性」，不是「性種性」，也不依時間，時、日、月、歲，或一時、一日、一月、一歲，不要有時間分別觀念。因爲有時間的分別觀念，「刹那際」的定是入不進去了。

一切眾生的根性像什麼樣子呢？像鏡子似的，鏡子能照，照是無形。所以大家念《心經》，觀自在菩薩行深般若波羅蜜多的時候，「照見五蘊皆空」，不是修觀，也不是定，就是「照見五蘊皆空」。所以「照」字的關係很大，無作意，無表色，沒有能照，沒有所照；沒有所照之境、所照的色法，也沒能照之心，沒作意的意思。

所以佛對眾生的心海，他是任由自性，隨緣不變，就是這個涵義。「任物自見」，任自己明瞭自性。你個人得修證，得你自己的心，但是讓你向善，向你的自心一念就好了。不論念咒、念經、持聖號，就是鍛鍊你那一念心，叫明心。

究竟證得了菩提、究竟覺悟之後，得到菩提的時候是什麼樣子呢？《金剛經》上說：「如來有得阿耨多羅三藐三菩提嗎？」須菩提說：「不也，不是這樣子，佛沒有阿耨多羅三藐三菩提可得，也沒有阿耨多羅三藐三菩提法啊！既無阿耨多羅三藐三菩提法，又有什麼得呢！又有什麼修呢！又有什麼證呢！」這個意思是不夠的，到了華嚴會上就不是這樣子。一切都是菩提，山河大地，乃至植物、動物，器世間、有情世間、正覺世間、凡世間。這個意思很深了，現在這樣說，大家可能很容易產生錯覺，落到斷滅見去了，那就糟了。

如來，沒有去也沒有來。如者不動，來者是隨緣，隨緣而不動，動也是隨緣，隨緣也沒有動。佛始終都沒有離開菩提場，雖然到各地說法，到各地弘法利生，也示現圓寂了，卻始終沒有離開菩提場。那就是「十世古今不離於當念」，這就是佛的境界。

方山長者李通玄是這樣來解釋普光明殿，他不承認一會普光明殿、二會普光明殿、三會普光明殿這種說法。

這是如來自性一切種智的總體。總體是什麼樣子呢？無體，就是我們所說的無生。這個定，是依報所具的「剎那際定」。正報必須有個依報，像我們有房子、有處所，正報必有依報。依正二報原本是一個，可是，我們依正二報是多個，這就是佛跟菩薩所不同的。佛的依報跟正報，就是一個「剎那際定」，沒有其它的，這就是佛的法性、佛的性體。一切法的總體是什麼呢？就是這個法界性。

這就是方山長者李通玄對華嚴所做的總解，沒有去來之見，沒有古今十世，過去有過去、未來、現在，現在有現在、未來、過去，未來還有未來的未來、過去、現在，這是九世，再加現前一念，就是十世，十世就是你現前一念。我們這一念可以嗎？可以，我們這一念跟佛的一念沒差別的。你這一念是什麼？是黑暗的，還是光明的，這有點差別了，所以你要修。這是第八會。

**論：**第九會在普光明殿說離世間品者。明從此重起信心發行。修十住。十行。十迴向。十地。十定。十通。十忍。乃至如來出現佛果位終。皆悉不離普賢舊行。爲如來出現品前三十六品經。是自乘普賢行滿。出現品後離世間一品。純是果後利他普賢恆行。普印十方．無休息也。如善財見慈氏如來已。卻令見文殊師利者。明令至果。不離初信之門。便聞普賢名。見普賢身等。普賢身者。即果後普賢之行。此品不同彼古人釋

**此會為三會普光明殿者。以法界門。不可作世情去來之見。如上所說。**

九會在普光明殿說〈離世間品〉，這是方山長者李通玄定的。在〈離世間品〉的時候，又重新起信心，重新修行，要從頭做起。按照次第說，到〈離世間品〉已經成佛了，這個時候離世間了。〈離世間品〉，從此再重新做起。就是善財童子已經成了等覺位菩薩，成佛了，彌勒菩薩又要他參文殊師利菩薩，從頭參起。文殊師利菩薩又要他參普賢菩薩，他入普賢菩薩的一個毛孔中。

這裏很有趣，你要是看《華嚴經》，看到這裡會不知道說什麼。善財童子參普賢菩薩的時候，他就入到普賢菩薩的一個毛孔裡面去，那裡頭無邊的佛剎、無邊的淨土，善財童子參學不完了；不是像前面幾參，一參一參很容易參，到普賢菩薩一個毛孔中參不出來了，叫遍入一切法界。這個時候，善財童子到處找，見不到普賢菩薩，必須有普見、普觀，必須得入法界，生了重重無盡的觀想，才能見到普賢菩薩。這就是普賢身，果後的〈普賢行願品〉，果後就是毗盧遮那佛的果後。

古來人把第九會釋為三會普光明殿，這是方山長者李通玄特別立的。「不可做世情去來之見」，不能有世間世俗的感情；情念的觀點，有去，有來，這是情見，不是眞見。

方山長者李通玄，我們介紹一下他這個人。他是一位老居士，不是出家人，也不是和尚。你先不要問他吃葷、吃素。他為什麼叫「棗柏老人」呢？他把柏葉做成餅子，一頓最多十個棗子，最少三個棗子，或者吃一個柏葉餅，所以叫「棗柏老人」，就是吃棗子、吃柏葉餅這樣的一個人。

他因為看到古德所寫的《華嚴經》注疏，他不大同意，想找個地方自己作部注疏。他一出門就有隻老虎擋在道路上，當時他拿著《華嚴經》覺得好沉，就拍一拍那隻老虎說：「你替我把這個給揹著吧！領我到一處可以寫《華嚴經》注疏的地點。」他跟那隻老虎這樣說話。那隻老虎就背起書來領著路，他跟著老虎走到山裡頭的一處石窟，老虎停下來。他就把經書等等東西挪進洞去，老虎就走了。

他姓李，也就是唐朝的貴族，屬於皇親國舅那一類的。他是專學華嚴的，很有成就的，就著這麼一部〈合論〉。他跟其它的解釋都不同，在唐朝，像杜順和尚、賢首國師、宗密大師，都是華嚴的祖師，他的解釋跟這些大德都不同。他是用心，以佛意來會歸自心。

李長者分十會，我們講了九會，還有最後一會。為什麼講經之前有「懸談」呢？要懸示一下。古德在講經的時候，大家都是傳聞的，不像現在是打廣告。頭幾個月或者半年，或者在南京毗盧寺，請某某老法師來講經，方圓幾個省都知道了，有的人從千百里外趕來聽經。聽經的人得自己拿錢來，廟裡不供給。自己帶了錢，來繳交聽經費、伙食費等。聽《華嚴經》要好幾年，一般人沒有辦法。他自己在家裡頭，先學好《華嚴經》，就聽「懸談」。「懸談」的意思，就是看這個法師的見解能不能使我有些悟處。「懸談」聽完了，他就走了，不再聽經文。為了這一類的道友，講經的時候，事先要「懸談」一下。

另一種情況，是對這一部經完全沒認識，他要是依著文句聽，很難摸索，很不容易進入，就先「懸談」一下，這種「懸談」就不是深入的，而是淺近的，就把一些名詞，以及這部經的每一段、每一會，說些什麼意思講一講。把這些意思領略了之後，你再去學這部經，聽的時候你有個入處，不會很困難，所以要「懸談」一下。

這是「懸示」的目的。我們現在就跟大家略說一下，不可能把每一會的大意、每一品的大意，在這裡都說了。那不是時間長短問題，是大家沒法進入。因此，我們只是略略提示一下，這部經大概分成這些層次，在學的時候你才能一部份一部份的學。

但是我跟大家講，我們現在不能夠有心，也不能夠無心，要隨緣聽聽。我說的意思，不知道大家參了沒有？特別是《華嚴經》，它是涵義非常的廣，因此在這部經的前面要做一個「懸示」。

**論：**第十會在逝多林。說法界品。明此一會。普含諸會。及十方剎海法界虛空界總之一會。重重無盡。無盡重重。以六相十玄該之。以無思之心照之。可見。

又云。以世主妙嚴品爲一會。以普光明殿三會爲一會。通前世主妙嚴品爲二會。上升須彌・夜摩・兜率・他化・第三禪。爲五會。通前兩會爲七會。法界品祇園人間爲第八會。善財大塔廟處爲第九會。以虛空法界一切處會爲十會。古人云九會者。爲未知有十一地在第三禪說。此經總十法爲準。不可說九也。

第十會，就是〈入法界品〉，也就是方山長者所謂的〈法界品〉。李長者在十會逝多林，也是分十會說〈法界品〉。清涼國師是在九會說〈入法界品〉，這是因爲清涼國師把這部經分成七處九會。方山長者就分了十處十會，〈法界品〉是在第十會上說的。

我們在說這部經全文的時候，知道善財童子五十三參就在〈入法界品〉裡頭。以前的九會，善財童子都沒聽到，他還沒信入。但是善財童子一聽就成佛了，我們聽了整部經，有的人還聽了一遍、兩遍，或者講了好幾遍。例如我，我還沒有入，三界還沒有出，更談不上入法界了。法界到什麼地方入呢？三界就是法界，隨拈哪一法都是法界，就是本體，要有這個信念。

所以他這個話裡頭，說一會普含眾會及十方剎海，「法界虛空界總之一會」。

雖然有層次、有行布，實際上是圓融的。佛說《華嚴經》，就是這麼一會，這些品、會之分，都是爲了我們學習的方便。說在逝多林一會說法界，善財童子雖然前面沒聽到，五十三位善知識給他說的就是《華嚴經》前面那些品會，都一樣的，要這樣來理解。

所以說重重無盡、無盡重重，我們可以看水的波浪，你看波浪，分不出次序。到海邊一站，那陣浪打了又來了，打了又來了。一陣浪到這兒止息了，後頭又來一陣，之後又來一陣，重重無盡。無盡重重又回來說，一個順著次序說，一個倒著次序說，《華嚴經》都是這樣講的。善財童子五十三參都參圓滿了，又回來從初信入手，回來參普賢菩薩，參普賢菩薩重新修十住、十行、十迴向、十地，又修一道，在普賢身中的一毛孔中把他五十三參所學的重新又學一道，這就是華嚴意思。

最先是次第的，一步一步的學好了，學好了又回來了。像我們從小學學到博士學位了，我們就沒有回來了，應當回來從小學再從頭學起，來印證一下。從你最初學的，你現在做的，跟你學的是不是一致啊？是這樣一個涵義。

在經文中裡頭有六相十玄。六相，總、別、同、異、成、壞。十玄門也是重重無盡，就是顯重重無盡的意思。

所以「以六相十玄該之，以無思之心照之。」這無思之心，反正我不自私自利就對了。無思之心，就不是現在我們這個妄想心，要用法界心，那叫做無思之心。這個心是什麼樣子呢？就像我們都會念《心經》，「觀自在菩薩行深般若波羅蜜多時，『照』見五蘊皆空」，「照」字就是無思之心，沒有能所，沒有我能造的心，也沒有我所造的境，沒有所造的境就是沒有五蘊，也沒有能造的心。「照見」就是這樣解釋的，要是心有念，有念就有生滅，有念就有生死。凡是有念的，入不了六相也入不了十玄，要到無念，無念也就是無思之心。

《華嚴經》經文講這個意思是反反覆覆的，爲什麼呢？我們悟不得。悟不得，每一個會都要說這個問題，都說心的問題，你才能重重無盡。

大家可以想想我們的心，就是我們現在這個妄心，重重無盡。不用說十幾年，你把三、五年的事，把這一年的事，想一想，在你識相裡頭重重無盡，你就漸漸能入了這個意思。

「又云」，方山長者李通玄前頭這樣說了，他又說：「我說的是十會，其實啊，十會就是一會。」〈世主妙嚴品〉是第一品，把這品做爲一會。

方山李長者分的這十會，跟清涼國師分的七會不一樣，李長者把〈世主妙嚴品〉做爲一會，三會普光明殿做爲一會，那就是兩會了。上升須彌、夜摩、兜率、他化、第三禪，共有五會，加上前面的兩會，就是七會。

第三禪天的這一會，在說十一地的時候，清涼國師沒有單立，但是方山長者李通玄特別把第三禪做爲第五會說的。

〈入法界品〉、祇樹孤獨園、人間，做爲第八會；〈入法界品〉在清涼國師是第九會，李通玄把這品經單立爲第八會。

善財童子在大塔廟處遇到文殊師利菩薩，文殊菩薩給善財童子說初信，而後指示他參五十三參，一直參到彌勒菩薩。方山長者李通玄把這一個過程訂爲第九會。

虛空界法界一切處都在說《華嚴經》，這才是第十會。第十會包括的處所就太多了，塵塵剎剎都在說《華嚴經》。

方山長者李通玄說，古來人，也就是在他之前讀《華嚴經》的人，為什麼要分九會不說十會？他們不知道還有十一地，在第三禪天說《華嚴經》。因為那時候的《華嚴經》，傳到中國的時候還不夠完整。古人只是建議學華嚴，而且在華嚴沒有傳來的時候，〈十地經論〉先傳來的，〈十地經論〉就是《華嚴經》，好多的單行本都是《華嚴經》裡頭的一部份。總之，此經以十法為準，就是十十無盡。至於數字，佛說的，一至十就可以了。你說一百，還得從一至十，十一、十二……，二十、三十，還是從一起，到十為止。這也是重重無盡的意思，所以不可以說九。

**評曰：此經處會品第。疏論所以不同者。各有其意。不必軒輊。其普光明殿重會三會之說。在圓融行布之間。疏所以分者。以圓融不礙行布也。論不分前後往來之相．一時頓說者。以行布不礙圓融也。其言似反。其意正合。故疏釋升須彌品云。言爾時者。即前二會時。主伴齊遍。演前二會之法也。何須舉前二會。欲明前會不散。成後會故。後必帶前。合**

**成法界無礙會故。一一法會無休息故。後後諸會皆同時故。若散前會。即無後故。所以唯約覺樹會者。此為本故。得佛處故。理實第二亦同此遍。若同時遍・何有九會。若有前後・何名同時。應云。即用之體・同時頓遍。即體之用・不壞前後。猶為印文。觀此。則疏意尤圓。善得六相之意。不滯一邊也。**

方山長者李通玄作〈合論〉的時候，按照誕生的年月說，他是在清涼國師之前。我最初學《華嚴經》是在鼓山的華嚴學苑，也就是法界學苑，道霈禪師就是十幾代以前鼓山的老和尚。道霈禪師把清涼國師的〈疏鈔〉跟李長者的〈合論〉以及《華嚴經》合起來，做成一部〈纂要〉。〈纂要〉就是把清涼國師跟長者李通玄兩人的作品中，最要緊的摘錄出來，合成〈纂要〉。他要是有意見的話，就加一個評語，把他的看法加上，像裁判、評審一樣。

他說這部經，「此經」是指《華嚴經》，《華嚴經》的處所、聚會的會，或者是經的品第（他沒說卷），不論是在〈疏鈔〉、在〈合論〉，彼此的意見好像是不同。在文字上，〈疏鈔〉跟〈合論〉是不同，七處九會跟十處十會就不同了。而且清涼國師分的時候，把好多品會合攏起來；李長者又把它分開來訂品、會。

爲什麼不同呢？道霈禪師說，從義理上，是相同的；從文字上，從經的分科來，是有不同的。他說，不要起分別之見，「不必軒輊」；「不必軒輊」就是不要做障礙。

他的解釋是說，清涼國師爲什麼要把普光明殿分爲一會、重會、三會？雖然是圓融，圓融是無礙的，圓融不礙行布。行布就是次第，就像我們的資料是一行一行的，但還是同在一頁，是這樣的涵義。同在一頁，這是圓融的；一行一行的次第，這是行布。因爲有圓融必須有行布，有行布了才顯出圓融，是這樣解釋的。所以〈疏鈔〉就分了，分了就表示先後的次第，「往來之相」是一時頓說的，雖然是看著有行布，行布不礙圓融。就像《華嚴經》說到善財童子參彌勒菩薩，究竟了，又回來參文殊師利菩薩，這是形容我的行布圓滿了，圓融無礙。他說，反過來，順過去，是讓你心領神會，目的只有一個，讓我們人人都入法界，就是這麼一個宗旨，這麼一個目的。

方山長者李通玄是先說行布後說圓融，行布會歸圓融。圓融不礙行布，行布會歸圓融，若把兩個人的意思合起來，是相成的，不是相反的。本來是沒有往來去來之相。像我們講經的時候，或者是我們念佛號的時候，「如來」，「如」就是圓融的意思，「如如」是不動的意思，「來」是利益眾生，就是行布，對機說的。一會一會的、一個道場一個道場、一個次第一個次第的，但是佛沒動本際，所以也就「如」，「如來」就含融著圓融、行布之意。懂得這個意思，你對佛所說、經教所說的話，就全部悟入了，這也就是開悟。

我附帶說幾句，我們的道友們都能夠讀經吧，不管你讀一部、讀兩部，你們讀《心經》，《心經》就包括圓融、行布。「觀自在菩薩行深般若波羅蜜多時，照見五蘊皆空」，這是圓融。圓融，你沒法入，再讓你一個一個觀，觀「色不異空，空不異色，色即是空，空即是色，受、想、行、識亦復如是。」然後才一個一個說。本來一句話，已經把《心經》說完了，「照見五蘊皆空」，回復他本來面目，回復他本來眞心，就完了。人家不懂，他就又說，怎麼照的，怎麼空的，就這樣來解釋。

《華嚴經》也是這樣的意思。當你念《心經》的時候，如果念了一百遍，跟你念十遍的時候就不同了，你自己會懂得很多了。你要是念上一千遍，念上三年，天天念，到後來你自己也「照見五蘊皆空」了，《心經》所照見的，你都懂了。

有人這樣問我：「老法師！你念〈普賢行願品〉有多少年了？」我說：「從出家開始吧！」「你現在懂了沒有？」我說：「還沒懂啊！」「哎喲！你念了六十多年還沒懂啊？那我不念了，念了六十多年也不懂啊！」我說：「我所說的不懂，是沒全懂，但是一年跟一年的情況不同啊。」我舉個例子，說「一塵中有塵數剎，一一剎有難思佛。」這段經文的意思，以前念的時候聽起來很奇怪，一塵就是一微塵，就是我們手指中裡沒洗乾淨有好多微塵，一個微塵裡頭無量佛剎，一個佛剎可是三千大千世界，你怎麼能信入啊？你念的遍數多了，原來如此，是你的心啊。我們沒有到極樂世界，可是看見極樂世界的土了；我們也沒到藥師琉璃光如來世界，但是我們也看見了。你一作意，就在極樂世界，也在藥師琉璃光如來的世界。

這樣說太遠了、太玄了。譬如，我們現在離開紐約了，你一作意想，還在紐約；離開北京了，只要你這麼一作意，閉上眼睛，一入定了，睜開眼睛也可以，眞正進入了，睜開眼睛就看見了。

這種事很多。像我們紐約的壽冶老和尚，回大陸的時候，人在上海。五台山一位老和尚在五台山入定，就看見壽冶老和尚在上海下了船，哪些人接輪船，他都認得的，把它寫下來。當壽冶老和尚去到五台山，他說：「你哪天在上海下的船，還有哪些人去接你的。」壽冶老和尚說：「你怎麼知道？」他說：「我就在這兒（定中）看見。」

這是一個小的例子，不是什麼神通。也許大家聽到了：「很奇異，很了不得，這個老和尚有道行了。」我們不是這樣看，這類事太多了，沒什麼了不得。假使心裡想著：「我的媽媽到哪個世界了，我現在在這兒想，念地藏菩薩。」黑夜作一個夢，看見媽媽了。醒了，才知是作夢啊。但是我們活著何嘗不是作夢，你每天不是都在作夢，有什麼眞的啊？

圓融、行布，你要這樣來理解，《華嚴經》讀多了，你自己就會理解了。我們學一種手藝，學一種技術，熟能生巧。有時候我看見安裝的工人，他們做什麼事兒，眼睛都不用看。他們說：「太熟了。」比用眼睛看的還準確，熟能生巧。當一個法、一部經，你學得透或聽的次數多了，或者讀誦多了，你就不要再請教別人，別人恐怕也沒你了解，他說的只是現相，你是從本質上了解的。《華嚴經》是講本質的，就講法界性，講我們眾生的心性。所以你不要看現相上有好多的不同，實質上意思是一樣的。所以〈疏鈔〉也好、〈合論〉也好，都是一樣的。

《華嚴經》並不是說前會散了，好比說〈世主妙嚴品〉第一會，說這會散了，才有第二會普光明殿，第二會散了才有第三會，不是這樣的。《華嚴經》叫頓演。圓而頓，圓頓教。頓演，在說一會的時候，也在說二會，也在說九會，同時都在說。善財童子在參五十三參的時候，看似有五十三個次第，其實他是頓參的，頓參是同時進入。十玄門就是講這個問題，什麼叫總相？什麼叫別相？

什麼叫同相？什麼叫異相？一相多相，一相是多相，多相是一相；是一時頓說，不是次第的。

我們是用我們世間的凡情來測度，說這個法會散了，騰出地點來，上師才來傳法。其實並沒有，他傳他的，我說我的，是頓現。我們看著有隔離，當你悟得你心，當你眞正明白，眞正轉化的時候，沒有隔離了。這種情況只有《華嚴經》這樣說，到了最後圓融無礙的時候，就叫做圓融無礙、重重無盡。到了什麼境界呢？就是杜順大師所確立的周遍含融觀，十玄門就是一觀，周遍含融。我中有你們，你們中有我，我們中有一切眾生，我們中有三千大千世界；當我們念阿彌陀佛的時候，正是阿彌陀佛念我們的時候；你念毗盧遮那佛的時候，正是毗盧遮那佛念你的時候。因爲你的心跟佛心是一個，你念他，他念你，你還不成佛嗎？要這樣來理解念阿彌陀佛。這是正報，依報也如是。當你念阿彌陀佛，觀想極樂世界的時候，娑婆世界就是極樂世界了，無二無別，這個道理得多聞多學。

這段文字裡頭有「唯約覺樹會」，就是菩提場，「菩提」就翻「覺」。有時候在經文裡頭、注疏裡頭，他就這麼說了，這是對通家說的，沒有初入門的人來學《華嚴經》，都是學很久的修行人。不過，我學《華嚴經》的時候，是剛初入門，出了家就學《華嚴經》，所以就不懂，就是這樣的原因。

前會要是散了，到後會再聚會，是不可能的。佛說法，說完就散了，不像我們還要講好多天，不是這樣子的。像我們講《金剛經》，講一個月、兩個月。在《金剛經》祇樹孤獨園會上的時候，佛吃完飯，洗完手，大家圍攏來，就給大家說法，《金剛經》就講完了，這一說意思就通了。須菩提一問，佛陀一說，大概只一、二個鐘頭就完了。不像我們，附上好多註解再加上分析，越說越遠了。若是不講，怎麼能明白呢？但是講太多，更不明白了，像《金剛經》的註解就有六十多部。

有位老道友，他註了一部《金剛經》，我到香港跟他會面的時候，他問我說：「你看見我註的《金剛經》了？」我說：「看見了。」「它說什麼？」「你什麼也沒說。」「寫了那麼多，什麼也沒說？」我說：「你的標題不是『《金剛經》說什麼嗎？』？」《金剛經》什麼都沒說，大家想想看吧！

所以佛經的涵義，要一聽，就認爲「哦！這部經好深！」其實只是你現前一念心。你的心要是掌握好了，什麼都能入，就是現前一念心。你小學學的，中學學的，大學學的，博士學的，就是你現前這個心，圓融了，離開了，它什麼都沒有了，信不信啊？就是這樣子。

「頓」、「遍」，說「即體之用」、「即用之體」，我舉個例子加以說明。大家看我們印的這份資料，講起來得從一行一行的、一字一字的往下講！但印的時候一下子就出來了，是不是這樣子呢？有沒有次第呢？是先印第一個字，再印第二個字呢？先印第一行，再印第二行呢？並不是如此，印下去就可以了。所以他用這個比喻，「猶如印文」，就是這樣的意思。

清涼國師雖然沒有以十爲標準，提出十會、十處、十品，但是道霈禪師認爲，清涼國師的「疏意尤圓」，更好一點，把總、同、別、異、成、壞六相的大意都表示出來了。

「不滯於一邊」，凡是停於一邊的，圓不了了，不滯於一邊，不落到一邊，落一邊就圓不了了，沒有相對法才能圓，凡是相對的都圓不了。

## 二分經之大科

此一部全經。清涼國師疏分爲五周四分。而棗柏李長者諸論。略作十段長科。亦有五種因果徧周義。

這就是解釋品、會、處。第二個人科，可能就深一點了。清涼國師的〈疏鈔〉分五周四分。棗柏李長者的〈合論〉都是十，作十段長科，分十個題目，分十段；但是，裡頭也含著五種因果遍周。雖然說是五，加個「遍」，就是一了。遍於五處，其實就是一個，這是遍周義。

現在我們開始講清涼國師的五周四分。

**疏：**五周四分者。一所信因果周。即舉果勸樂生信分。謂第一會菩提場。說毗盧遮那依正因果法門。自世主妙嚴品。至毗盧遮那品。凡六品經。前五品。顯如來依正果德。後一品。明佛本因。勸勵大心衆生。令生欣樂。以起淨信。故名所信因果周。亦名舉果勸樂生信分。

五周的第一個就是「所信因果周」。信什麼呢？信因果。不是善惡因果，不是《占察善惡業報經》的占察善惡因果。這個因果是指著什麼呢？毗盧遮那佛在因地當中行菩薩道，成了佛了就是果。他的華藏世界就是依報的因，修的時候修依報的因；成了華藏世界就是果，毗盧遮那佛的。而我們這個娑婆世界，是華藏世界的一部份，在華藏世界，是化身佛在這兒度化眾生，不是佛的本身的因果，是眾生的因果。把毗盧遮那佛果德的功德、福德、業用、體、相，舉出來，是讓我們生一種欣樂心。你想成佛，就信吧；生起信心來，信因果，信《華嚴經》中佛所說的都是眞實的。要成佛，就生起這個信心。

在菩提場說毗盧遮那佛的依正因果法門，依報的因果、正報的因果，這只是標一下題。從〈世主妙嚴品〉至〈毗盧遮那品〉，六品經。前五品說如來依正的果，成就了華藏世界的因，成就毗盧遮那佛的果，依正的果德。後一品明佛的本因，勸一切眾生發大心，生起欣樂、欣求，好得到快樂，得到樂果。

這時候，你要生起清淨信，清淨信不是我們現在的這個信。什麼叫清淨信？信自己是毗盧遮那佛，信自己的依報也是華藏世界，不是娑婆世界。要生起自己的現前這一念心，跟佛所證得的果德、所證得的究竟心，無二無別。這心很不容易生，一定要生起這個信心。如果沒有生起的話，可以依照什麼方法呢？你就學這六品經文。大家可能讀過〈淨行品〉，〈淨行品〉就是念念當願眾生，念念都是清淨信，不為自己求安樂，但願眾生得幸福，這樣的心就是信心了，這就是菩提心，就是大悲心。

每當面對一件事，如果先想到自己，後想到別人，這不是菩薩。我看見佛像了，心裡生大歡喜，在生大歡喜的時候，想到願一切眾生都能見佛、都能聞法，這個心就是大悲心了。若自己得到一樣好東西，我們得到享受，或者有一個願滿足了，喜歡得不得了；或者求了好多年，一切滿足了，高興了；或者是年輕的時候，剛談戀愛、交朋友，等達到目的，結婚的時候，不為了自己，願一切眾生，願天下有情人都成眷屬，這也是大悲心啊！他遇見一件好事，他不是想到自己，而是想到一切人，他知道有很多人在這個問題上痛苦，就願他們都解決痛苦。或者當你生病的時候，這種病很難受，「我願一切眾生千萬別得這種病！」發願一切眾生不得病，這就是菩薩，這就有了信心，要這樣的生起信心。

看到佛所做的一切，從來不生懷疑，沒有第二念，都是第一念。《華嚴經》的信心，講十信，能夠覺知自己起了不好的念頭，馬上就止住了。覺知前念起惡，能止其後念不起者；覺知前念起的善，念念相續，增長這個善，這就入了信了。六品經說的，都是生這個信心。〈淨行品〉前面還有一品經文〈菩薩問明品〉，也是講怎麼樣能有智慧，怎麼樣能讓一切眾生都有智慧，這都是生信，一共有六品經文。

這都是標題。五周四分，二、三周為一分，因此不是五周五分，而是五周四分。以上就是明所信的因果周，「舉果勸樂生信分」。

**疏：**二差別因果周。即修因契果生解分。謂第二會普光明殿起。經歷忉利。夜摩。兜率。他化自在。說十信。十住。十行。十迴向。十地。及重會普光明殿。說十定。至菩薩住處。共六品經。明差別因圓。後佛不思議法。如來十身相海。如來隨好光明功德。共三品經。明差別果滿。又十定以下六品經。明等覺。佛不思議法品。以下三品經。明妙覺。

第二個，「差別因果」。就是學了，要開智慧了。但是因是怎麼樣來的呢？得「修因契果生解分」。解就是開智慧，要修就是學，學也就是修。像我們聞法聽經的時候，我們共同學，我在說，我也在學，你在聽，你也在學，我們共同的學。我們認爲：「這是法師講，我在聽。」在印度，或者我在西藏學法的時候，不是這樣子，而是輪流。今天輪到我，我講；明天輪到你，你上來講，我又是聽眾了，輪我來聽了。它是辯論的，不是一個人說，大家站在那裡用耳朵聽。不！學習的時候，今天輪你了，大家向你提問題，你來答覆；明天輪到我了，大家提問題，我來答覆。但是學的是同一個法。比如學《阿含經》、〈俱舍論〉。好比我們學〈俱舍論〉第一章到第二章，大家都學這兩章。當然這裡頭有問題，你的見解跟我的見解不一樣，你進入的程度跟我進入的程度不同，怎麼辦呢？我們辯論，究竟誰的對。那就「放檔假」，今天該我「放檔假」了，大家來問我；明天該他了，「放檔假」。一年一個級別，在拉薩是這樣學。

我們在外面，對喇嘛的情況不知道，就只要求受灌頂。受灌頂必須得經過二十年，一年一班，一年一班，一年一班，二十年算畢了業，考了格西位。完了再經過五年，學密宗院。密宗院，必須得上師許可了，說你學好了，成就了，再許可你收徒弟，給人說法，不然不可以的。一切密宗院，先得修四加行，必須磕十萬個大頭，必須得做十萬皈依頌，必須得供十萬曼達，還有念十萬遍百字明咒，學蓮宗的要念蓮宗的，學金剛乘的要念金剛乘的，各個法門不同。做完了之後，才有資格受灌頂，不然沒有資格受灌頂。

所以在相信的時候，你是怎麼樣信的？密宗是金剛信。當然你信密宗，上師一定會跟你講，你有沒有建立信心？金剛是不壞，任何境界相，不會壞掉你的信心。遇到什麼危難，就是生死關頭，一下子損失財產，從大富翁變成乞丐，也不能失掉信心；不能因爲保護財產，說句假話，失掉信心，不可以的；就算失掉生命了，也不會失掉信心了，那才叫有信心。

我們對佛教有欣樂心，是因爲佛教能離苦得樂。信佛幾十年了，離苦了沒有啊？得樂了沒有啊？自己問問自己吧！我聽到好多道友問我：「老和尚！我學了三十多年，好像沒得到什麼？」「你學三十年沒得到什麼，我學了六十多年也沒得到什麼！你問我，我去問誰啊！」如是問的人，他有信嗎？他沒有信心。沒有信心，就不要答覆他了。他信了三十多年，都沒有信心，你答覆他，他跟你巧辯！你說一句，他說兩句，你說兩句，他說四句，他比你還了解得多，你跟他說也不清楚。這叫沒信心的表現，我們自己可以問問自己。

所以就得勸發大心的眾生。能入法界的，誓救一切眾生的，誓成無上佛道的，這才叫大心眾生。所以佛涅槃囑託的時候，沒有囑託文殊、普賢、觀音，沒有囑託大菩薩，也沒有囑託阿羅漢，而是囑託給大心凡夫。現在還有大心凡夫，因此《華嚴經》還住世；如果大心凡夫沒有了，《華嚴經》就沒有了，你想聽到《大方廣佛華嚴經》的名字，就聽不到了。有大心凡夫，才有《華嚴經》。《華嚴經》不是給一般凡夫說的，得有大心，他才能信。

差別因生解，生到這種智慧，必須修因。修因要從什麼修起呢？從信修起，「信為道源功德母，長養一切諸善根。」〈賢首品〉的經文，是這樣說的。你要是有了信心，修因的時候，就可以生出智慧。慧解，不是世智辯聰，不是三乘的信心，不是三乘的悟得，而是圓頓大教的信解，才能生起這個智慧。

為什麼這樣說呢？因為佛說《華嚴經》的時候，二乘人不能進入，阿羅漢也在座，他不知道佛在說什麼，因爲他的心跟《華嚴經》結合不起來，權乘的菩薩也不能信入，所以佛的囑託都不託他們。大心菩薩生起的慧解，是圓頓的智慧，專信圓頓大法。信圓頓大法的人，他可以曉得的，他就信了，圓了。圓滿的意思就是一切都不疑，你有一點兒缺陷就不圓了。

從第二會的普光明殿起，到了忉利天、夜摩天、兜率天、他化自在天，都是說十信、十住、十行、十迴向、十地，由重會普光明殿十定至菩薩住處也是六品經，包括的是差別的因緣，〈佛不思議法品〉、〈如來十身相海品〉、〈如來隨好光明功德品〉三品經，那是「明差別果滿」，叫因果周。

十定以下，十忍、十通、十定，都是普賢菩薩說的。十定品以下的，一直到等覺，都是差別的果滿。〈佛不思議法品〉以下的三品，就是「明妙覺位」，就是佛位所做的事情。

**疏：三平等因果周。即於前會。說普賢行．如來出現．二品經。明平等因果。前普賢行．明因該果海。次如來出現．明果徹因源。因果不二．**

**故名平等。連上差別二周。通名修因契果生解分。**

有差別就有平等，第三是「平等因果周」。要記得「差別因果」、「平等因果」、「成行因果」，都屬於因果周的。但是前面是信因果，這個信心很不好生。

「平等因果」，是說普賢行、如來出現。人人都具足了普賢行，人人都可以修；人人都具足如來果，就是沒有出現。爲什麼呢？只是具足，但是還沒有修成。所以從你開始信之後，這個信堅固了，修定了，不退了，登了位。初住位的菩薩叫發心住，發什麼心呢？發菩提心。這個菩提心，跟我們現在發的菩提心，涵義不同。乃至十住、十行、十迴向三賢位的菩薩，修到登地了，分證了佛的法身，初地菩薩也要發菩提心。乃至於成了佛，像善財童子參等覺菩薩之後，又發菩提心；入了果後的普賢菩薩，入普賢行海，之後行普賢行的時候，又發菩提心。菩提心是重重無盡的發，不是一發心就圓滿了，這是不可能的。最後還是我們現前這一念心，這一念心經過千錘百鍊，像眞金似的，越鍊光明越大，越磨越光，是這個涵義。

前面說普賢行的時候，就說「因該果海」；一發心，登了初住，就能示現八相成道，跟佛一樣了。這個因，還是在因位之中，但是把佛的果德都「該」到了，「該」是攝的意思，一發心即成正覺。《華嚴經》講，初發心的這個心，跟成了果德的毗盧遮那佛心，這兩個心哪個心難啊？如是二心，初心難啊！發菩提心難。爲什麼呢？你發了心一定能成就，但是沒發心，永遠也沒機會，所以發心難。你一旦發心了，順著這個心修行起來，就能成道了。我們入了佛門，跟沒入佛門，兩者有天淵之別。入了佛門之後，不管我懈怠也好，不管爾後有多少障礙，業障有多重，一定能成佛；這是佛說的，不是我說的。因爲你入到佛門就是你的善根種下去了，這個種子一定要發芽的。不過，還是精進點好，要是懈怠了，時間太久了，成佛是一定能成佛，但是懈怠太久了，時間拖得太長了，受得苦難太多了；你精進一點，縮短苦難的歷程。這叫「因該果海」。

成了佛，爲什麼還要發心？「果徹因源」，就是成了又回去從頭學。不只是《華嚴經》這樣，我們讀《地藏經》的時候，有人說《地藏經》是小乘，盡說餓鬼，他沒體會到《地藏經》〈分身集會品〉所說的，釋迦牟尼佛到最後的時候跟地藏菩薩說：「我並不是只以佛身來度眾生，我什麼身都現。」既然這樣說，佛也沒涅槃，他是現別身的身度眾生去了。唐代的道宣律師問護法神說：「釋迦牟尼佛入滅到哪裡去了？」護法神問他：「你問哪位釋迦牟尼佛？」道宣律師說：「就是在這個世間上成立的釋迦牟尼佛。」「哎！釋迦牟尼佛太多了。釋迦牟尼佛，我看他沒入滅，還在說法的。」這是護法神看到的，還不是菩薩看到的。我們沒看到，人家說肉眼、凡胎，我們天眼通也沒開。要天眼通，必須有大智慧，必須生起《華嚴經》的圓滿智慧。

這也就是第二個生解分，生起這種智慧，才能夠平等，才能知道「因該果海」、「果徹因源」。從初住就「該」了，所以你一行普賢行，就是「因該果海」了。如來出現，就是一切眾生跟他平等平等的，不然怎麼叫平等。「果徹因源」，釋迦牟尼佛看眾生平等平等的，跟他一樣的。菩薩就不一樣了，特別是和尚，和尚看眾生看得不一樣的，「你沒出家啊，我出家了。」「妳是女的，他是男的。」分別相特別多。但是，在這裡不是這樣講的，而是要講平等，「因該果海」、「果徹因源」，平等平等。

差別、平等，這兩個都叫「修因契果生解分」，這兩分合成一分，這兩周合成一分，五周四分。

**疏：四成行因果周。即託法進修成行分。謂第八會三會普光明殿。說離世間法。即成行因果周。普慧雲興二百問。普賢瓶瀉二千酬。通明六位因果。自五十三卷。至五十九卷。共一品經。初通明五位之因。後明八相之果。此託圓融法界。進修成行。位位交羅。一位具足一切位。故沒其位名。但明圓融之行。故名託法進修成行分。**

第四分，「成行因果周」，「託法進修成行分」。託法，寄託在法上。什麼法呢？主要是說〈離世間品〉。成行，就是普賢行成就，能成就修行的會修行了，而且能如理的修行了。這是專指〈離世間品〉說的，這一品很長很長。

怎麼樣成就的呢？「普慧雲興二百問，普賢瓶瀉二千酬。」從五十二卷到五十九卷全是〈離世間品〉，主要就是普慧菩薩問的兩百個問題，普賢菩薩答他的兩千個答案，佔的篇幅很多，這叫六位因果。

最初，普遍的通明因，全說的是因；後明，示現的化佛的八相之果，入胎、住胎，現相、成道，八相之果。託什麼呢？託圓融之法，託法界之法，圓融法界。什麼法界呢？一眞法界。《華嚴經》講的是「一眞法界」，《楞嚴經》講的是「妙明眞心」，各部經的用辭不一樣，我們講《占察善惡業報經》，說「一實境界」，通通都是這一個心。名詞在各部經上不同，道理只有一個，就是圓滿的圓融之心，一心即一切心，那是觀想的。

舉個例子，我們今天丟了一毛錢，一枚銅幣，或者捐給一個人，或者買一炷香去供佛，或者拿一株花供佛，這是一心，一行。這一行，你得觀想它盡虛空遍法界，你這一枝花，也到了琉璃世界了，也到了極樂世界，也到無量的世界，就這一枝花，都在那兒大做佛事。因爲你供養這枝花，佛就說花的來因，說這枝花是娑婆世界的某一位發菩提心的人供養的，就這麼一枝花。說供養一千萬、一萬萬，修了大廟，或供養十億元修了什麼，一點迴向沒有；十億只是十億，一用就完了。但是他以這個心，雖然就是這一枝花，一分錢的功德就無窮無盡。

所以依著《華嚴經》修行，能立地成佛的原因就在此，看你的心力有好大，不講福報。這不像《金剛經》說沒有功德，而是讓你自己去做。〈普賢行願品〉跟你說功德，你誦〈普賢行願品〉一定能夠生極樂世界，而且是上品上生；但是有個條件，去了就得回來度眾生，「得授記已回入娑婆」，「不爲安養回入娑婆」。

「位位交羅」，「羅」是相交叉的意思，普遍的意思。一位即一切位，一切位就是一位，你隨便說哪一位都可以。釋迦牟尼佛在這個世界度眾生，他自己是眾生位了，他示現跟我們一樣，生老病死都有，也害病，也死，也受生，八相成道，生、老、病、死都具足的。這是示現的，但是「位位交羅」，一位就具足一切位，因爲具足一切位就沒有「位」的名字，就是圓融的修行法。

所以大家每念完一部經最後迴向的時候，就把它迴向給遍滿世界，迴向每一個眾生。《地藏經》也這樣說，「千百萬億願，千百萬億世。」一念之間，地藏菩薩都給你滿願了。有的人問我說：「我要求地藏菩薩太多了，我這也求，那也求。」我說：「有好多啊？」「我求了十幾個願。」我說：「還沒有一千個願！你看看《地藏經》說：『千百萬億願，千百萬億世。』你要求得還是不夠。」你的心要是與地藏菩薩心相通了，當然就滿願了。滿誰的願？滿你自己的願。這是圓融的修行方法，念一個咒就是念一切咒了。我們不同，我們要念很多咒，這個咒是這個咒的功德，那個咒是那個咒的功德，這部經是小乘，那部經是大乘。我要念圓滿的，我也是這樣子，心裡頭起分別。但如果把這些所念的融入法界，就圓滿了。「託法」，就託這個法。「進修」，就是精進的修行，這樣就成了普賢行了。

**疏：**五證入因果周。即依人證入成德分。謂第九會逝多林。說入法界法門。以諸菩薩念請。有三十問。具問如來果海中事。以果海離言。故如來但現相以答。復放光攝受。光中具見所問之事。令其現證。是爲本會。次文殊師利從善住樓閣出。漸往人間大塔廟前。令六千比丘頓證。次指善財童子南詢。參五十三知識。逼名末會。及善財童子末後見普賢身。入普賢菩薩一毛孔中。頓圓曠劫之果。故前三十八品。但該羅六位因果。

**令生信．發解．依之起行造修。至此。方爲證入。故云依人證入成德分。若無實證。則前解行．俱爲虛設。故以證終。**

這樣修行就證入了，第五是「證入因果周」。這就是四分，成信分、信解分，所以就到了成修成就，就到了逝多林第九會，入法界會，舉善財童子的例子，善財童子是一生成就的。

在第九會上，有兩種情況。諸菩薩的念請，想問如來果海中的事情。「念請」，沒有說話，就是在他的位置上一念，佛就知道了，佛就答他。大約三十問，問如來成道之後，果海中的事情。果海的事情是說不出來的，因爲果海離言，但有言說，都無實義。佛就放光攝受，放各種光，一個光對著一個問題。大家可以理解，經上放那麼多光幹什麼？《地藏經》有很多放光的。那是針對沒有用語言發問的菩薩所問的問題，佛就放光去攝受、去答覆他所問的事情。他所問的問題解決了，就能夠證入了。這一會沒有發言，也沒有說話，這叫「本會」。問的沒請、沒說話，答的也沒說話。文殊菩薩知道了，就把三十個問題集結出來，這叫本會，證入因果。

「次文殊師利菩薩，從善住樓閣出，漸往人間大塔廟前。」文殊師利菩薩到善住樓閣，又從善住樓閣出來，到人間大塔廟前，他來做什麼呢？度六千比丘。六千比丘是頓證的，信了就行，行了就修，修了就成行了，就頓證了，六千比丘是頓證的。

善財童子是漸證的，他往南參了五十三位善知識，參一位善知識就入一位，參一位善知識就入一位，五十三參就入了五十三位，他是漸證的，他是一生漸證，六千比丘是一時頓證。我們前面講過，時、日、月、一年、歲，沒有定體的。「時無定體，依法上立。」什麼法呢？依你的心立。我們高興的時候，例如打麻將，或是喝酒，打麻將幾個鐘頭，也不感覺時間很長，再來四圈，沒完沒了，他不感覺時間長。幾個人喝酒喝高興了，就一瓶一瓶的灌，酒越喝越多越迷糊，越迷糊就越不知道時間。你要是去磕頭、拜懺，才半個鐘頭，覺得拜得好長。當你高興的時候，幾十年一會兒就過去了；有時候度日如年，一日不見如隔三秋。這都是心裡的表現、心裡的作用。但是這些都是頓的，《華嚴經》是說頓的。

文殊師利菩薩從善住樓閣出來，到人間度六千比丘，之後又度善財童子五十三參，這就叫「末會」。「本會」，就是請者沒有說，佛就放光答，這叫「本會」。「末會」，有說、有修、有證，又要參知識，是「末會」。最後是善財童子南行，五十三參之後，文殊師利菩薩叫他去見普賢菩薩，參普賢身。在經文當中，他在這個會找了很久才見到普賢菩薩，見不到他，就坐在那兒求、觀想；就成了等覺菩薩，在逝多林會上見不到普賢菩薩。

以前在大陸的時候，有位道友問我說：「我拜了好多年普賢菩薩，沒見到。」我說：「你才拜幾年啊！善財童子都證了等覺位，還沒見到普賢菩薩。你急什麼，慢慢求，還早得很呢，不曉得還要好多劫你才會見到普賢菩薩。」其實普賢菩薩就在你身邊，只是你不認得。

見到普賢菩薩了，入了普賢菩薩的一毛孔中，經文說他入的那個境界不可思議，他到裡面修行去了。就像我們到遊藝場，小門一進去，你來回轉，那裡頭世界可大了；走完了從那門出來，才知道那裡頭有那麼大的境界相。這也如是，善財童子入到普賢菩薩一毛孔當中，他感覺到在裡頭修行好長一段時間了，也是頓證，把無量劫的所有業障徹底的消除。他已經證了等覺位，這時頓入了普賢行海，證了毗盧遮那佛果，這叫果後普賢。

所以前三十八品說的是六位因果，像生信、發解、起行、造修，到現在才入證。頓證是不說次第的，凡是漸證的，要說次第的。像中國的禪宗，頓入就開悟了，沒有別的了。爲什麼呢？「言語道斷，心行處滅。」但有言說，或者再一想，他沒證，沒悟，但還是悟了，就是這個涵義。禪宗裡沒有什麼果位，說你現在證了什麼位置，從來不會說這個的，那樣就不叫禪了。人家說：「定中方十日，世上幾千年。」十日也多，幾千年也多。但是，定是有區別的，有大定、小定，定的情況不同。善財童子入的定是「剎那際三昧」，沒有時間，沒有地點，沒有時、日、月、歲。這叫做「依人證入成德分」。假使說信，說解，說託法進修，說成行，那是虛的，必須得有人眞正證得了，以證爲宗。

入了法界之後，人人都能證得毗盧遮那佛。現在說我們都是毗盧遮那佛，是本具的。本具，叫本覺。本覺之後迷了，迷了之後就變成不覺了。我們本具的，跟佛無二無別的，是本覺；現在不覺了，就是我們淪落到眾生、六道輪迴，不覺了。現在我們信了佛，又發了心，這叫始覺，開始漸漸覺悟了。由始覺，就到了三賢位的菩薩，十住、十行、十迴向，相似覺，似乎見到法身了，還是沒有覺，但是比完全不覺就好太多了，比始覺也好太多了，相似覺。登了地的菩薩叫分證覺，證一分覺悟一分，八地不知九地事，下位不知上位事。我們想：「八地菩薩跟九地菩薩都差不多快成佛了，九地跟十地也都差不多了。」不是這樣子，一個位置的相差，還沒有究竟的時候，下位不知上位事，所以行布一定還有行布的次第。說我們就是毗盧遮那佛，這是圓融的說法，是本具的。本具裡頭還有不覺、始覺、相似覺、分證覺，之後成了佛，就是究竟覺，五覺圓明。

如果沒有證入，說的法沒用。每一會，每一部經後面，都有好多人發了菩提心，好多人證了羅漢果，好多人不墮三塗，好多人昇天，每部經都是這樣子。《華嚴經》也如是，最後以六千比丘、善財童子爲例。

這就是清涼國師所分的五周四分。

以下就是方山長者李通玄所分的，十段長科，把整部《華嚴經》分成十段，這一品說的是什麼，哪一品說的什麼，哪幾品說的是什麼，他是這樣分的。

**論：**十段長科。

**一明始成正覺。即世主妙嚴品是。**

十個長科，第一個長科，是指〈世主妙嚴品〉，說的是最初成佛的時候，這一品經做一個長科。

**論：**二明舉果勸修。即現相品已下。至毗盧遮那品。總五品經是。及前世主妙嚴品亦是。乃是舉佛所成之果。勸令人修。

第二，「舉果勸修」。他這裡含著信，不信怎麼修！舉佛的果德，就是如來現相，就是〈如來現相品〉到〈毗盧遮那品〉這五品，再加上〈世主妙嚴品〉。就是舉佛所成的果，勸令一切眾生要修，修才能入。但是他的著重點不同，因爲他是禪宗，專門注重修。文殊師利菩薩是注重先信入，才能修，不信怎麼能修呢？所以文殊菩薩先勸信。這是第一個大科。

**論：**三明以果成信。即從佛名號品以下。至賢首品。六品經是。亦通取前世主妙嚴品已來總是。便以十個智佛以爲自心之果。以不動智佛爲首。明自心智。隨分別性。無所動故。

李長者把信擱到第三科，「以果成信」。從〈如來名號品〉下至〈賢首品〉，六品經文，跟〈疏鈔〉是相通的。最後以佛的十個智身，我們通常說是三身，《華嚴經》講十身，十個智慧身，這個就是你自心之果。文殊師利菩薩是從不動世界來的，他以不動智佛爲首，明自己的心智，「隨分別性無所動故」，這叫無分別智。我們轉八識成四智，這叫差別智，因爲事相上有種種的千差萬別，用智慧來照千差萬別的事，這叫差別智。但《華嚴經》講的是不動智、自心智，隨種種的性、種種的差別，不爲所動，就是隨分別性無所動。這是第三大科。

**論：**四明入眞實證。從升須彌山頂品已下六品經是。以十住爲體。住佛智慧家故。

第四大科，「明入眞實證」，也是證入。從〈升須彌山頂品〉以下的六品經，以十住爲體，住佛智慧家。爲什麼初住位能成佛？十住都住在佛的智慧家了。住什麼呢？住他的心，他的心就是智慧，住他的智慧心，就是住佛智慧家。

**論：五明發行修行。從夜摩天宮已下四品經是。以十行爲體。行佛行故。**

第五大科，「明發行修行」。那是勸修，沒有修行。信了之後，發心修行。從夜摩天以下的四品經，以十行爲體，行佛行故。佛怎麼樣做，我就怎麼樣做。這個問題在我們受三皈依的時候都注意到了，佛怎麼樣做，我就怎麼樣做。

**論：六明智悲相入。從升兜率天宮品已下三品經是。以十迴向爲體。體圓眞俗。成大悲故。**

《華嚴經》按清涼國師是五周四分，方山長者李通玄則是合攏起來，分為十長科來解釋《華嚴經》。十長科也就是把《華嚴經》的全部經義，每品每品的以十段來敘述。他敘述到這一段，〈升兜率天宮品〉、〈兜率宮中偈讚品〉、〈十廻向品〉，這三品經文是說十迴向，屬於《華嚴經》裡頭的十迴向。

十迴向講的是什麼涵義呢？智慧和大悲心。有智慧沒有大悲心，智慧等於是小乘智慧，偏於一面；有大悲心沒有智慧，那是愛見大悲，就像我們的情感，不是眞正的大悲心，必須得悲智雙運的。其實在信位的菩薩、住位的菩薩，〈菩薩問明品〉也講這個問題，菩薩在行菩薩道的時候，要有智慧，有大悲心，利益眾生。

從這方面我們可以知道，每一位道友，如果沒有利益眾生的大悲心，你不是佛教徒。凡是佛教徒都發利益眾生的心，眾生包括了畜生之類的。一切畜生道都包括在內，不論體積大小、壽命長短，只要是有情眾生，你都應當以大悲心普度牠、利益牠。如果相反，沒有大悲心，乃至惱害眾生，他就不是佛教徒。沒有大悲心，不稱爲佛教徒。

現在台灣發生很多問題，我在台灣的時候，看到有一些人上第四台，廣播佛法，其實都是一般俗人，沒有大悲心，他們不是利益眾生，而是惱害眾生。

怎麼樣看這些人呢？佛以前早就說過了，在佛入涅槃的時候，魔王波旬請佛早點涅槃，波旬說：「在你死了之後，我就可以破壞你的佛法了。」在破壞佛法的當中，波旬所提出的條件，佛都認爲破壞不了，就跟波旬說：「你破壞不了。」波旬最後說：「我讓我的魔子魔孫，穿著你的衣服，吃你的飯，但是不做你的事。」佛就知道未來眾生的痛苦悲哀。現在就是魔王世界，這些人在我人在我們看來根本不稀奇，我在台北的時候就聽見這些現相。

在這個世界上其它地區，對佛教沒有什麼信仰的國家是如何？有點像早期的香港，出家人不論比丘、比丘尼，特別是比丘尼，最好不要上街上去。香港人看到比丘尼，就說他今天很倒楣，碰見比丘尼了，就吐口水。後來因爲香港信佛的人多了，就漸漸轉化了。

現在的台灣，我們說是佛國，突然間一下子又變成不是佛國了。這個業障是可以轉化的，是非沒得標準的，人世間的是非有什麼標準？如果依佛教的道理，有什麼標準呢？一個人，只要是利益眾生的人，那就是好人；只爲自己打算，害人的人，這就是壞人。這就是標準，誰都知道。

如果我們心裡頭一天到晚只爲自己好，只求自己的舒服享受，追求財富、名利；你就知道自己是往六道走，不是出離三界，絕對出不去的。我們學教義的人，就懂得這個過程。所以我們要學什麼樣子才是眞正的智慧，什麼樣是假智慧，是聰明。裝神弄鬼的人也是非常聰明，他想了種種辦法讓人家拿錢，那也不簡單。他如果把這種智慧用到了生死上，眞正依佛教的教義，轉化自己的思想，而後，又能夠啓發別人、利益別人，那就功德無量了。相反的，這種罪業比其它的罪業要大得多，因爲這就是破壞佛法。

因此，要知道大悲心，在《華嚴經》裏講的是悲智雙運。迴向的意思，就是把自己所有的迴向給眾生；還有，迴向給諸佛，最後再把諸佛的功德迴向給眾生。以眾生的心、我們的心、跟諸佛的心，三位一體，這就是體。這樣想法，這樣觀照，就是圓滿的。同時體是理，理跟事必須得和合；事就是俗，是世俗間的一切事務。眞俗結合，理事圓融，這樣的大悲才是眞正的大悲，《華嚴經》講的大悲是這樣的大悲。這三品經文講的都是這個道理。

**論：七明蘊修成德。他化自在天中。十地一品經是。蘊修前三法慣習成就故。**

第七科，就是「明蘊修成德」。在他化自在天，就講十地。這科只有一品經，三十九品經中只有一品經。「蘊修前三法，慣習成就故。」「前三」就是住、行、迴向；十住、十行、十迴向，修行得很好，慣習了，心裡一作意就能現前，這叫「慣習」。像我們做什麼事物，你習慣了，順手拈來就是了。像家庭主婦道友們，她習慣了廚房的東西，伸手一拿就知道了，她擱在哪兒早就習慣了，非常熟悉。我們對十住、十迴向這些法門，都成熟了。那就是見了法性之後，把前面所修的德成就了，就入了地。

第七大段就是講這一品，就是「成德」了。這個「德」不是功德的德，也不是道德的德，而是他修行有得於心，謂之「德」，他修行的道果已經心裡領會到了，心跟境合一了，心跟諸佛合一了，心跟一切眾生合一了，這叫「德」。處所是他化自在天；講的經文是十地，從歡喜地到法雲地。把前面的諸行迴向修成了，〈十地品〉這一段的經就是講這個道理。

**論：八明利生自在。從十定品已下。至離世間品。總十二品經是。以十地中蘊德成功。十一地利生行滿。方名法行圓滿佛。於始於終．無作體性．不移毫念。爲以法界圓明大智之性。爲十住見道之初。無時念故。三世無性故。總一時故。此非情識所知。唯智會故。**

第八科，「明利生自在」。像我們每一位初發意的道友，要發心利益眾生，要弘法利生，這只是一句話，不是這麼簡單。作佛事利益眾生，或者別人求福要我們迴向，利益眾生，我們有這個力量嗎？沒有。做三寶弟子，人家求了，你不能說不做，你要做，就必須得修。眞正到了利生自在，而且有人要求財富，求到你，你馬上就讓他得到財富。

有的道友聽到我這樣說，就問我：「地藏菩薩也是這麼說，我天天拜他，我要發點財，他也不讓我發財。」這類事很多。例如，我們求佛菩薩加持醫好我們的癌症。或者要生育了，求地藏菩薩加持，使她生育順利，沒有什麼災難。乃至各種病苦，生意不得利，所求的非常多。人家要求我也很多，我沒這個力量，我不是自在的，不再勉強。勉強自己，對自己說是負擔，不能不做，做了，力量不夠。

為什麼有的人給他迴向，他得到了？是不是我自在了呢？不是的，是他自在了，因為他自己也在求，自力、他力。我們求佛菩薩，自求所感的心，是不是誠懇？中間有沒有妄想？有沒有其它的雜念？或者剛相應一點，剛好一點，你又把佛菩薩忘了，把自己善良的心忘了，你的病還會反覆的；肝癌好了，腸胃癌又發生了，癌症是不一定的。這個病好了，那個病又來了，要不然這個世上就沒有死人了。

到了十地以上的菩薩，他利益眾生自在了。他自在了，我們是不是自在了呢？看你跟他相應不相應，要是不相應，你就求佛、求三寶加被，種個善根而已，不見得收到利益。有的人求到利益了，打電話跟我說：「師父啊！你給我迴向的都很好，為什麼你還生病啊？你沒有迴向嗎？」大家認為他這話問得對不對？

是有這種懷疑。我們天天拜懺，天天求，爲什麼還有病啊？爲什麼還有痛苦啊？爲什麼也照樣有災難啊？

這個問題，你必須從學教義當中才能夠找到答案，不然你沒法解答，我跟你說了，你也不信。維摩詰居士害病了，佛叫文殊師利菩薩前往問病的時候說：「老居士，欠安啊，你身體不好。你爲什麼害病呢？」維摩詰居士說：「這個病很簡單，眾生病故我病，眾生要是沒病，我不會有病，眾生病了，我才生病。」好比請師父迴向，有些相信師父的道友，師父一迴向，他的病就好了。其實他的病好了，不是師父迴向的，是他的業障已經消了，他把功德推給師父了，所以就到處介紹。他一介紹了，這個有病也找，那個有病也找，好像師父很靈，其實不靈。騙錢的人是怎麼騙的呢？就是用這個機會，有機會給他，所以他會騙。

現在我們講《華嚴經》，利生自在不是問題了。普賢菩薩說〈十定品〉、〈十通品〉、〈十忍品〉，這幾品都是說地上菩薩十地滿心的、行菩薩道的，一直到〈離世間品〉。十二品經，都是講十地菩薩，乃至到十一地，他爲利益一切眾生所修行的菩薩行已經圓滿了，他所修的法圓滿到成佛了。他必須到這個地位才能懂得，一切法沒有開始也沒有終極，沒有體性，只有無作的體性，無始終、無內外。他知道了，經過這麼長的過程，從一發心有了信心，一直到十一地了，成佛了，還在一念之間，沒有時間的概念，也沒有處所的概念。

無量劫，乃至一念，爲什麼這樣講呢？「無時念故」，念是最短的，「剎那際」，是思想所不到的一念之間，就是一念間從發心到成佛，沒離開他毫念，一毫之念。爲什麼這樣說呢？沒有三世的緣故。過去、現在、未來，這叫三世。沒有時間的概念了，因爲過去、現在、未來沒有定，沒有一個體性，時無定體，都是你心定的。

佛教講「一時」，「如是我聞一時」，都講「一時」，「一時」就是一念。「一時」是什麼時候呢？沒有時間的那個時候，就是無時。所有經的開始都說「一時」。你說佛在什麼時候講的？我們聽到的，就是這個時候跟你講的，「一時」是沒有一定的。

《華嚴經》的夜摩天偈頌是以功德林菩薩爲會主，覺林菩薩讚歎佛的偈子：「若人欲了知，三世一切佛，應觀法界性，一切唯心造。」那個性是無性的性。

但是這個法界性都不是我們情識所能知道的，我們現在所用的是情，所用的是識，不是眞心；這個識，有過去，有未來，有今天，有昨天，有後天，有現在、過去、未來三世，那是情識，不是智慧。

前面六科講的是悲智，就講圓明大智慧，修十地也修這個智慧。到此，他的智慧沒有時間的概念。所以有一說是成佛要三大阿僧祇劫，另一說沒有時間概念，一念間就成佛了，善財童子一生成佛。《法華經》也講龍女是一念之間成佛的，就是這個涵義。

唯有智慧才能會入，才能理解，而不是情識。這十二品經文，就講這個道理。《華嚴經》裡講，從初住開始，先發起信心，發了信心，就修行了。修行到初住，初住就信不退了，信佛的信念再也不退，這就是初住位。初住位是什麼情況呢？初住位就是發心住，一發心變成佛，初發心是即成正覺。但是這個十信滿心的發心不是我們現在的發心，他就能示現八相成道，也能示現作佛，他那個時候就是見道，見道還沒證道。

初住位、十行位、十迴向位，這三賢位，都能有這種神通妙用，相似見到他的心了，但還沒證得，相似就有這麼大的功力。等到十地位的菩薩就證得了，見一分法身證得一分究竟的眞理。

**論：九諸賢寄位。即已上六位諸菩薩。并佛出現品亦是。皆從性海大智境界中。方便出現其身。寄位成十信。十住。十行。十迴向。十地。及等覺位十一地法門。令凡夫信入。倣學依蹟。不迷其事。**

《華嚴經》第九會就開始說「諸賢寄位」。《華嚴經》善財童子五十三參所遇到的每位善知識，是不是那位善知識只能證到那麼個位呢？不是的。那是「諸賢寄位」，是諸大菩薩摩訶薩到十地以後十一地，寄到這個位置來給他說法。善財童子五十三參之中，參的第二十七位，是觀世音菩薩，觀世音菩薩才寄到迴向位。善財童子參文殊師利菩薩，文殊菩薩寄初信位。所有的「諸賢寄位」，就是臨時的寄這個位置，他本身證得的不是這個位。

所以以前的六位菩薩，這個六位菩薩包括很多，是把信位給說進去了，信、住、行、向、地，還有再加上十一地就是六位菩薩─諸菩薩，最後加佛。所以〈如來出現品〉，都是從性海大智境界當中方便出現的，寄這麼個身，這個身是幻化的、是假相的，爲利益眾生而示現的；乃至釋迦牟尼佛、盧舍那佛、報身佛，都是示現的，毗盧遮那佛才是眞的。住的土呢？住的土不是娑婆世界，也不是華藏世界，是常寂光淨土。常寂光淨土，沒有。我說沒有的話，是我們眾生這個情感之中沒有。我們是以有形爲有，諸佛菩薩是以無形爲有，以無念爲念，以無住爲住。你必須多觀想，多修行，你才能夠相信。

我們講《華嚴經》，就是要請大家相信自己是毗盧遮那佛，這叫有信心。要不是這個信心，所行的都是邪道。心外求佛，心外求法，心外求識，都不是智，那是識，那是虛妄。

一切諸佛菩薩皆是「從性海大智境界中，方便出現其身。」示現來利益眾生的，所以寄位成十信、十住、十迴向、十地及等覺位十一地法門。爲什麼這樣示現呢？「令凡夫信入」。我們雖然本性具足，但是有塵垢，有一切的障礙，有一切的煩惱，所以你不得顯現，沒有運用的智慧，用不上。具足了，那叫體具；

但實際運用上呢？沒有。在事理上迷了，是這樣的原因。

這些諸佛、大菩薩示現的，讓你模仿他，依著他的腳步，他怎麼走，你也怎麼走；他怎麼做，你也怎麼做。在事上你可以不迷，理上你才能入。

不過《華嚴經》是講重重無盡的，講事事無礙的。事事爲什麼無礙呢？事事都是理，所以禪宗諸祖，證得眞心了，隨便拈來都是無上甚深妙法，那是對機而已。

**論：**十明令凡實證者。以法界性中。安立十信等六位進修方便行。不離體用。不壞方便。其智彌高。其行彌下。逐根行滿。故名進修。隨力堪能。安立諸位。隨位知行。令不迷因果。使學者善明總別。依位成功。不滯始故。不離初故。即如下文善財等衆。優婆塞．優婆夷．童子．童女．各列有五百。具明十住。十行。十迴向。十地。十一地。五位。一位有十。通爲五百。如六千比丘。通信亦不退。總云六千。一萬諸龍。以明萬行。如是之衆。並是凡夫。皆信是法界佛果智門故。而登十住十地諸位。故

**名令凡實證。**

第十，就是令凡夫實際能證得，就是這麼個目的。所以從這個法界當中，安立十信、十住、十行、十迴向、十地、等覺六位。為了修行的方便起見，不離本體，不壞方便。

我們一說到體上就把方便取消了，一說到方便就又離開實體了，這是不對的。要能不離開實體，「不壞方便」，所以一微塵裡頭能坐寶王刹，就是這個涵義。

學佛的人智慧越高、智慧越大，就越卑下。卑下就是在利益眾生的時候，他的行為更能普遍。他沒有簡擇的，哪一個眾生，他能度化的時候，就依這個眾生的根機來度，一直到他修行圓滿了，能成佛了，那時達到目的了，所以是這樣子使他方便進修。

要怎麼樣做好事，他還不知道做，就教他做。教他做就是佛菩薩自己示現，菩薩怎麼做，你學著怎麼做。就如同經文中，善財童子最後五十三參的時候，就是隨著每一位菩薩、每一位菩薩去做。

但是你也不能亂了，雖然是圓融，次第、行布必須得清楚，不能超越，沒有超越這一說。頓證不是超入嗎？頓證不是超入。我舉個頓證的例子。

那天我舉印經書，印的時候就一塊板印下去，輪子滾筒一滾，你說哪個在先、哪個在後？它一印下去，這麼的一頁書就出來了。

還有切紙張的，電刀非常快，一按它，切下去了。但是還是一張一張切，第一張沒切到，不能切第二張。就是它快速了，你分不出次第了，這就是頓。並不是拋開很多，說我旁的都不經過，我一下就成佛了，事實上不會有的。我還沒有切到第一張，就切到第一萬張去了，可能嗎？你必須有個次第。頓是這樣頓的。

說明心見性、頓悟成佛，像我們經常講的十住滿心就成佛了，那不要修了。十信、十迴向、十地，不修也可以了嗎？雖然他已經成佛了，他示現的不是究竟的，這叫方便善巧。而他所能示現的是有一定程度的，初信菩薩示現的佛，只能是化身，化現而已；他說的法，也只能說他的十住法；他以前勸一些眾生，只能從初信到十信，他不能說十行，因爲他不知道。十行位的菩薩不知道十迴向位的事，下位不知上位事。

例如某一位老法師、某一位老和尚，雖然他功力很強，信眾很多，但是，他只修到這樣，比他高一點點的境界，他沒辦法知道。所以修行有一定的界位，必須得到那個位置你才知道，不到那個位置你根本沒法知道。

經常有道友這樣問，他說：「師父啊！你現在功力如何了？」我沒法跟你說，怎麼跟你說？說了你也不見得信，你會信嗎？我們經常看見很多師父問這些話。比如說我以前在虛雲老和尚跟前，有些參禪的禪和子，問老和尚的境界相。對於這些問題，他從來不答覆。

例如問佛，眾生有始沒有、有終沒有？佛是不答的。有的說佛三不答，有的說佛六不答。有時候問的問題，佛不答覆你。爲什麼不答覆你？答覆你，你還是不知道，沒辦法答覆你。你沒有同等的智慧，沒有平等的心，跟你解說，你沒辦法理解，跟你說也沒用；不但沒有用，還把你所覺悟的給耽誤了。所以說「不壞方便」，這個方便善巧是必須的。

那麼，你要進修，你的力量、能力行不行啊？能力不行的，你不要勉強。如果我們現在就修密宗的大圓滿、修大手印，可以啊。但是你想證得，想得到好處，你證不到也得不到好處。

我們讀《華嚴經》是種善根了，我們知道怎麼修也知道怎麼用功，我們一步一步的鍛鍊，種下了圓滿種子。圓滿種子跟分段種子不同，發出來的現行自然不同，就是什麼種子要產生什麼現行，什麼種子要發生什麼的苗。

在開始的時候我跟大家講，當你聽到《大方廣佛華嚴經》經題，你就把這部經聽了。但我們現在還沒講《華嚴經》，這是經前的懸談，講這部經的大意。那時候你才能夠實證，從凡夫地一直實證到自己本具足的法性，證得了跟佛的法性都無二了，那你還得經過很多階段。不是離開了自己的「大方廣」，另外證得一個「大方廣」，只是一個，但是中間得有些方便善巧，沒方便善巧是不行的。

我記得禪宗有位祖師，張無盡居士說：「斷除煩惱重增病」，說你要想斷煩惱，另外又出了煩惱了，「重增病」這個「病」本身又是煩惱了。「趣向眞如亦是邪」，說我想證得眞如，如如不動的，沒有，你趣向眞如，這個「趣向」本身就是邪知邪見。

如果我們只對經典，對一切事物，對於三寶執著，算不算執著呢？算執著啊。因爲我有所執著，所以我就要去除貪、瞋、癡；去除貪、瞋、癡之後，三寶也沒有了，我也就不執著了。我證了佛果，看眾生都是佛了。以佛心看眾生，眾生都是佛；我們現在以眾生看佛，佛也不是佛了。這個道理很簡單，但是很不容易明白，但是講《華嚴經》的一定要說，講別的經不見得這樣說、也不會這樣說。

說這部經裡面，善財童子、優婆塞、優婆夷、童子、童女各列五百，裡頭就包括了十住、十行、十迴向、十地、十一地五位。每一位有十，十位就有百，所以五百童子、五百童女，都是表法的。

最後文殊師利菩薩從大寶樓閣出來，來到人間，度了六千比丘。六千比丘，也是表法的，表的是六位菩薩。六位不是六個，就是我們上面所說的，信、住、行、迴向、十地、十一地，這六位。

李長者，就把《華嚴經》分成這十大科來解釋。

我們這麼一談，就知道用這十科來解釋《華嚴經》，就可以明了全部的經了。前面的五重玄義，也是這個涵義，五周四分，不過清涼國師講得更多、更具體。

道霈禪師，我們上回講過，這裡頭的三位祖師，一位是清涼國師，作的〈清涼疏鈔〉，一位是方山長者李通玄，作的〈華嚴合論〉，一位是道霈禪師，作的〈纂要〉，我們現在都講解一下，讓大家在沒讀《華嚴經》之前多知道一些，或許對《華嚴經》的意思，你能夠領略個大概，沒有聽全文也就領略個大概了。

**評曰：**疏論分經。大意皆同。論唯第九諸賢寄位一科。重收前六位。謂已上六位諸菩薩。并佛出現。是從性海大智境界中。方便出現其身。寄位成十信等。令凡夫信入。倣學依蹟．不迷其事。與疏不同。愚謂六位法門。乃三世諸佛修行成道之成式。亦是毗盧遮那如來因地修證之門。前菩提場一會。既舉其所成之果第二普光明殿已下諸會。明信住行向地等位。乃示其由因至果之蹟。離世間一品。則明其諸位之行。而法界一

**品。舉善財一人。經歷諸位・一生頓證。令大心凡夫・見賢思齊。直下承當。依法修證也。**

道霈禪師不會評論〈合論〉跟〈疏鈔〉，兩者之間哪個對、哪個不對，哪個優一點、哪個次一點。不過他給我們指出來學的方向，他說從大意上說，義理上說，兩者都是相同的。但只有李長者的第九，論「諸賢寄位」這一科，把前六位又重新收入。乃至於從佛出現，說這個「是從性海大智境界中方便出現其身，寄位成十信等。」「等」就是信後面的那些諸位。「令凡夫」，就是我們這些初學的人，模仿著，照樣畫葫蘆，菩薩怎麼做的，我們就怎麼做。對這個事不迷，不然我們在事上很多就迷了，像我們走到歧路上好多條道路。佛法的門路太多了，從哪門都可以入，你得有個正確的方向，不迷失道路。這個跟〈華嚴疏鈔〉的意見不同，〈華嚴疏鈔〉不是這麼分的，五周四分的意思大家聽到了。

道霈禪師認爲，十信、十住、十行、十迴向、十地、十一地，乃至於成三世諸佛，他們修行成道有個模式的。就像我們要建築房子，畫個圖，做什麼事前先做個模型，像沙盤推演。所以成道必須有個形式，有個層次。就是我們現在講《華嚴經》的毗盧遮那佛，他在因地當中修證的時候也如是。〈世主妙嚴品〉就是舉他的成佛之果，在菩提場舉的是成佛之果。現在這六位的因，毗盧遮那佛也是就這麼修行過來的。就是說，他得這個果以前他這個行跡是怎麼來的呢？就是從信、住、行、向、地，這樣一位一位修來的。所以在三十九品的〈離世間品〉，就講每一位怎麼樣修行、怎麼樣作觀想。

大家都讀過〈淨行品〉，〈淨行品〉就告訴我們怎麼樣發起信心。信沒入位，怎麼樣生信心？你就這樣念，念就是信心了。如果遇到各種情況不知道怎麼發心，那你早上起來念一遍〈淨行品〉，你現在所行的就等於發了一百四十一願，每天念一遍，每天發了一百四十一願，你就這樣迴向就行了。意思就是要我們照這個修行而已。

在〈離世間品〉的時候，普慧菩薩向普賢菩薩問了兩百個問題。普賢菩薩感覺他問得還不夠徹底，就答他兩千個問題，問一答十。

因爲在修行當中，容易走錯路。思想要是一抛錨，或你正在起修的時候，思想起一念錯覺，那就錯了，你趕緊就得收回來。要是傍生的時候還沒有什麼關係，一錯錯多少劫都不曉得了。所以修行的時候要依法，不要依人，不要說某某法師、某某法師。我對跟我學法的道友們說：「要依法，不要依我。我有很多錯誤，沒那麼大智慧，你要自己參悟，依法不依人。」不要依語言文字，要依義，依語言文字所顯的道理是對是不對，你得有智慧判斷。要依智慧，不要依你現前的心，現前這個心叫識，要依智不依識。一定得懂得這個意思。

**論：**此一部之經。總有五種因果遍周義。一示成正覺因果遍周。即世主妙嚴品是。通下五品經總是。二進修因果遍周。從佛名號品已下。十信。十住。十行。十迴向。十地位中。共二十品經是。三定體遍周。即十定。十通。十忍等品是。四行海遍周。即普賢行品。離世間品是。五法界不思議大圓明智海遍周。即法界品是。以此一部之經。五品之內。品初皆有爾時世尊在摩竭提國以為品首者。明此五法。是一時．一法界．一刹那際．一體用．一切諸佛一共同之法。如是之法。不離十定之中刹那際。降神。入胎。示現成佛。入涅槃。不離一刹那際。更無移也。

方山長者李通玄講這部經，也講五種因果，不過，跟清涼國師講的略有不同。他把第一品示現正覺的因果遍周，第一周就是「正覺因果遍周」。就是佛的因、佛的果。遍周者，就是遍滿法界之內，遍於我們現在修行一樣的。這一品就是〈世主妙嚴品〉，當你讀到第一品〈世主妙嚴品〉就知道了。這一共有六品，都是毗盧遮那佛的因果，這叫因果周；果地因果周，毗盧遮那佛的因果周。

第二是「進修因果遍周」，從〈佛名號品〉以下，十信、十住、十行、十迴向、十地，一共二十品，這二十品經就是進修的因果周，修因的因果周。

第三是「定體遍周」，這就是普賢菩薩在說過〈十地品〉之後，所說的十定、十通、十忍這三品，叫定體因果。這個定叫什麼定啊？方山長者叫做「剎那際定」。我們這一定就講多少劫，不是那樣意思。一剎那，一剎那之中有九百生滅，一起一伏。我們的時間還沒到，那個時間已經過去了，叫「剎那際」。定體遍周，就是十定、十通、十忍這些品。

第四是「行海遍周」，就是〈普賢行品〉。〈普賢行品〉不是〈普賢菩薩行願品〉，〈普賢菩薩行願品〉就是貞元譯四十卷《華嚴經》，那是入法界之後。〈普賢菩薩行願品〉是果後普賢，〈普賢行品〉是果前的普賢。果後普賢就是成了佛果之後的，都要行〈普賢菩薩行願品〉。就是善財童子入了普賢菩薩一毛孔中，遍遊了無量塵剎世界，就在那一毛孔遍遊塵剎世界，入了普賢行海。他登了等覺位之後，果後行因，那才是〈普賢行願品〉。這個是〈普賢行品〉，〈普賢行品〉就是〈離世間品〉。

第五是「法界不思議大圓明智海遍周」，那就是法界。我們重新解釋一下「法界」兩字，凡是有形有相的，有語言的，有思惟的，有文字的，都叫「法」，就叫一切法。法又叫形式，有各種的樣式，種種形、種種法，都叫「法」。「界」是生長義，好比是此疆彼界，我跟你畫個界，以這爲界線，那是另一種講法了；這裡的「界」不是，「界」是生長義，生長什麼呢？生長一切法。法界心，「界」就是代表心，心能生一切諸法。所以說「法界」，就包括法界性，及法界事。

所以這一部經到最後的五品，每一品都有「爾時佛在什麼什麼地方說這部經」。這個「爾時」，指什麼時候？也就是沒有時候的時候。一個時間，一個法界，一個剎那際，一個體用。體用就是大方廣，即體相用，這中間把「相」略了，收到體用裡頭去了。「一時」，無時的時。「一法界」，所生的一切法就是一法，一法就是如法。「一剎那際」，際是邊際了，一剎那的那個邊際，沒有。「一切諸佛一共同之法，如是之法不離十定之中剎那際」。降神入胎，示現成佛入涅槃，就是八相成道，不離「剎那際」。你這就沒修了，更談不上修了。

「剎那際」，說我們這一念之間，可能有九十「剎那際」。就是一念，或者你一眨眼，有九十剎那。那一剎那，沒法計算，沒辦法定出來。入的是「剎那際定」，這個定體就叫做「剎那際」。大概這麼一說，這就是方山長者李通玄對《華嚴經》的整個觀念、整個的解釋。

**評曰：五周之義。疏論稍殊。各有所主。大旨無乖。讀者詳之。**

道霈禪師對於清涼國師的五周四分之義以及李長者的十種長科之義，他用兩句話評論。五周的意思，或者十長科，跟四分的意思，四分五周，兩個的意思，語言上頭不同，「稍殊」，「殊」就是不同，就有差別。各人有各人的觀點，但對於《華嚴經》的整體，它的宗旨，大體上還沒有什麼乖錯。讀者看你的喜好，你自己去詳細的琢磨。

不過從整體來看，方山長者李通玄對《華嚴經》的解釋，從略，他是主張「刹那際」，這都是頓中之頓，只要會歸佛心就對了。

清涼國師的〈疏鈔〉，廣、深，分得非常的細膩，你怎麼能一位一位的進修，才能達到毗盧遮那佛之心，那是比較圓融。

在懸談當中，方山長者李通玄也定十科，十玄門。十玄門是周遍含容觀裡頭的十玄門，還不是前頭這個十玄。前面這個十玄，清涼國師有十玄，方山長者李通玄也有十玄，道霈禪師把這兩個十玄合起來，用六個大科來解釋。現在我們解釋兩個了，再來解釋第三個，說這部經的目的和趣向。

## 三顯經之宗趣

**疏：語之所尚曰宗。宗之所歸曰趣。一切諸經。各自有宗。然楞伽云。一切法不生。不應立是宗者。斯言遣滯。若無宗之宗。宗說兼暢。今此**

經者。以法界理實緣起因果不思議爲宗。而法界等言。諸經容有。未顯特異。故以不思議貫之。則法界等皆不思議。故爲經宗。所以龍樹指此經爲大不思議經。斯良證也。淨名但明作用不思議解脫。蓋是一分之義。未顯法界融通等不思議。故不同也。其中釋義有四門。第一別開法界以成因果。謂普賢法界爲因。遮那法界爲果。是故因果不離理實法界。第二會融因果以同法界。第三法界因果・分明顯示。第四法界因果・雙融俱離。性相混然・無礙自在。已上四門・各有十義五對。互爲宗趣。具如疏明。上之四門。初一即體之用。次一即用之體。三即體用雙顯。四即體用鎔融。又初一即因果緣起。次一即理實法界。三即雙明。後一即不思議。既以第四融前。則四門一揆。

「宗」是宗旨，是給這部經定宗旨。我們說話、著書、文字，它有所顯，顯的是什麼？就這個意思，這叫「宗」。宗要歸趣，宗之所歸則有趣，歸到什麼地方，趣向於何。所以每部經，不論經文的長短大小，都各自有各自的宗。

《楞伽經》沒有立宗，《楞伽經》是言一切法不生，不應立宗。一切法根本就不生，還有什麼宗？還有什麼語言？這句話對不對呢？這純粹是禪宗立論的觀點，遣這個見，遣這個滯礙，遣這個迂迴。遣滯之言，是迂迴之言的意思。「若無宗之宗，宗說兼暢。」既然沒有宗了，《楞伽經》本身也是說法的，你說這個話幹什麼，有什麼意思呢？所以還是有宗的，《楞伽經》還是有所指的。

《華嚴經》究竟是什麼宗？一句話，就是法界理實緣起因果不思議爲宗。這部經裡頭所講的，法界緣起，法界理實。「法界」，我剛才講了，「理實」是什麼呢？《占察善惡業報經》下半卷講「一實境界」，就是實相。名詞雖異，就是我們的眞心，也叫眞如。《楞嚴經》講「妙明眞心」，都是那一個。法界也是，理實也是，緣起不是。緣起的無性，「無性」是。一切法都是因緣生的，沒有因緣不會生起的，諸法因緣生，《華嚴經》也是因緣生的，是這個意思。因果，《華嚴經》圓滿也講因果，不過講的是佛的因果，講毗盧遮那佛的因果。

法界理實緣起因果，後面加個「不思議」，就是說《華嚴經》是以不思議爲宗，法界不思議，理實不思議，緣起不思議，因果不思議。這個因果不是我們的善惡果報，在《華嚴經》不講善惡，無善無惡，就是一心；但是一心把它開演出來，無邊無際的這樣子。所以，以上說的，這部經的宗旨就是「不思議」。

龍樹菩薩稱《華嚴經》，沒有說《大方廣佛華嚴經》，而是叫做《大不思議經》。

《淨名經》就是《維摩詰經》，也說「不思議」。它只說一個，明一切的作用，就是化度眾生的方便善巧。這個「不思議」是什麼？指的是解脫，不思議解脫。解脫了之後，境界是什麼呢？「不思議」。思想想不到，議論議論不出來，這叫「不思議」。「言語道斷，心行處滅」。心裡頭思惟那個路了沒有了、斷了，用語言來說，顯示不出來，沒有。這只是解脫的一分之義，它沒有顯法界融通等不思議，所以《淨名經》跟《華嚴經》不同。

《楞伽經》在禪宗說是最圓滿的經，但是華嚴五教把它判成頓教，說它還不夠圓滿，太孤立了，太頓，初機沒法接受。

在這部經，是用四門來解釋。廣說，每四門都有十義五對。這在〈疏鈔〉裡頭詳講了，我們在這裡是略說，就不去講它了。

第一會，在《華嚴經》是別開法界以成因果，叫法界因果，以法界之因證法界之果。什麼是法界的因呢？普賢菩薩就是法界之因。《華嚴經》，普賢為會主的幾次，他說的都是因。最初是以文殊師利菩薩為會主的，是十信位菩薩。以什麼為果呢？毗盧遮那法界為果，每一法都是一法界，就是法界全體。中國有句比方，說秋天到了，一片樹葉子落了，「一葉落天下秋，一塵起大地收。」大地是微塵成的，只要見了一個微塵，大地是微塵所組成的；一個微塵不能成大地，無量個微塵就成大地了，大地就是無量微塵做的。舉一就是能知一切，就是這樣子。心生則種種法生，所以心的自力，能知道一切。這個法界因果，離不開理實法界、實相理際、實相理體。所以第一分這樣來解釋這個「不思議」。

第二會，「融因果以同法界」。這個會是會後的。那麼，有因必有果，有個法界因必有個法界果。一因包括一法界，隨便一法體遍法界，所以《華嚴經》都是顯重重無盡的，要這樣解釋。像我們說一個人，不就是地球所有的人類都是人；說畜生，所有的畜生都是畜生，不去分類了。但是畜生的類多，人類也多。就總體來說，舉哪一法，那一法就代表全法界了，一切法都是這個法之內，一切法都在法界之內，看誰為主、誰為伴，到了主伴圓融俱的部份再講這個問題。

第三，就是要把法界因果分開，明明白白的顯示出來。

第四，「雙融俱離，性相混然」。泯一切相，一切都是不思議。雙融者，理實是法界，以法界爲主；遮那是法界，以法界爲主；普賢是法界，以法界爲主。那麼，一二三四，就是一法界而已，是這樣的意思，叫「雙融」。把一切相、一切法都離了，叫一法界而已，這叫一眞法界，《華嚴經》講一眞法界，性跟相混然一體，「心、佛與眾生，是三無差別。」就是混然一體的意思。這在〈十住品〉就已經講了，夜摩天，功德林爲會主，覺林菩薩讚歎佛的那個偈子，已經就是混然一體。《華嚴經》登初住位以後，處處表現的是什麼呢？混然一體，一定要懂得這個意思。分別了很多很多，最後混然一體，回歸於法界。所以有兩句話，大家經常要記到：「無不從此法界流」，這是《華嚴經》根本要義，「無不還歸此法界」，一法界而已。爲了修行、顯示，而說一個法界，說的法界不是眞法界，要你自己契入的法界才是眞法界，這樣子才能無礙自在，才能坐微塵裡轉大法輪，要懂得這涵義。

這四門每一門裡頭還有十義五對，互爲宗趣。清涼國師的〈疏鈔〉，講這個問題的註解相當的多，我們這裡就略講了。

上來的四門，說的是分四門，就是稱體所起的大用。有時候體跟用要分開，就是大跟廣要分開。有時候大即是廣，廣即是大。這七個字，是大，方大，廣大，佛大，華大，嚴大，經大，要大都大，要法界都是法界。所以說即體之用，就是從體而起的妙用，用還歸體。所以我剛才跟大家說，你要知道「無不從此法界流，無不還歸此法界。」你心裡想的好多問題，最後還是你心想的，還是回歸你一心。我們一天起了好多妄想心，不論起好多，最後還是回歸你一心，一切妄想都幻滅了，還是一個心；一切妄心，還都歸於眞心。這意思不是聽一次、兩次，多聽，次數多了，你自己思想這麼想，看看一切的事物，看看這境，對境用心，就懂得這個道意了。

顯體的時候，就沒什麼用了；顯用的時候，體就隱到用裡面了。後面會談到隱顯俱成門，有時候隱，有時候顯，十玄門就是解釋這個問題的，等十玄門的時候再解釋吧。

第一個是因果緣起法界，第二個是理實法界。把這個因果緣起跟理實雙明，那就是不思議。第四個，融前合後。雖然是分了四門，就是一體而已，就是一法界。〈疏鈔〉是這麼樣分的，分四門。

**論：**此經名毗盧遮那大智法界本眞自體寂用圓滿果德法報性相無礙佛自所乘爲宗。法華云。乘此寶乘。直至道場。此經云。有樂求佛果者。說最勝乘。上乘。無上乘。不思議乘等。是爲令初心者。志樂廣大。還得如來大智之果。與自智合一無二故。此經宗趣。甚深難信。若有信此經中如來大智境界佛果法門而自有之。勝過承事十佛剎微塵數諸佛。經於一劫。所有功德。賢首品頌云。一切世界諸群生。少有欲求聲聞乘。求獨覺者轉復少。趣大乘者甚希有。趣大乘者猶爲易。能信此法倍甚難。爲此經宗趣。說入佛果。不逾剎那。但隔迷悟。說無量劫。不移一時。說從凡夫地創見道時。因果一時。無前後際。不見未成佛時。不見成正覺時。不見煩惱斷。不見菩提證。畢竟不移毫念。修習五十位滿。一切種智。悉皆成就。總別。同異。成壞。一時自在。皆非世情所見。是故難信也。其所信者。如經下文。十信之位。金色世界。不動智佛。上首菩薩名文殊師利。此云妙德。云金色者。明白淨無垢。即法身之理。不動智佛者．即理中智也。一切凡聖。等共有之。故云一切處文殊師利。一切處金色世界。一切處不動智佛。今之信者。當信自心無依住性妙慧解脫．是自文殊。於心無依住中。無性妙理．有自在分別．無性可動．名不動智佛。理智無二．妙用自在。是故一切諸佛。從此信生。故號文殊爲十方諸佛之母。亦號文殊爲童子菩薩。爲皆以信爲初生故。信心成就。即以定慧觀智力印之。一念相應。名十住初心。便成正覺。取能行行處．號曰普賢。取妙慧無依處．號曰妙德。取善能分別知根之智．號之爲不動智佛。且能信處．號曰信心。自契相應。名爲住心。爲住佛所住妙慧解脫．相盡無生法故。若心外有佛．不名信心。名爲邪見人也。一切諸佛皆同自心。一切眾生皆同自性。性無依故．體無差別。以此同體妙慧。知諸佛心。及眾生心。應如是信解。不自欺誑。是故此經宗趣。爲大心眾生入佛根本大智佛果。一念契眞．理智同現．即名爲佛。爲法界道理。見則無初中後故。是故法華經。爲迴三乘劣解者。令龍女非器．剎那成佛。明信心廣大．非權施設。所修實教．不迂滯故。言龍女年始八歲者。表今生始學。非舊學故。言畜生女者。明非過去積修。乃此生所信法門．理直無滯故。法界體性。非三世收。一念應眞．三世情盡。智無出沒．即佛果故。爲劣解眾生．興度八相等事。娑婆世界舉眾遙見龍女即往南方無垢世界成佛者。解云。南方者。爲明爲正。以主離故。離爲明。爲日。爲虛無。即無垢也。舉眾遙見者。明三乘權學。信而未自證。故言遙見。夫法界一眞。自他相徹。若當自得。焉得稱遙見。此經即令善財一生得佛。解云。一生者。從凡夫地起信之後。十住初心契無生也。即任法界智生。非業生也。至文廣釋。今且略明此經宗趣佛果法門竟。博達君子。可試思焉。

〈合論〉就不是了，〈合論〉就是總說。說這部經，叫什麼名字？我們叫「大方廣」，李長者把這部經定名爲「毗盧遮那大智法界本眞自體寂用圓滿果德」，這就是「大方廣」，體、相、用都在裡頭了。毗盧遮那的大智慧，法界本具足的自體的寂用，寂就是定，就是如，智就是來，來也如是，如也如是，一切法都如是。這圓滿的果德，「法身」、「報身」、「性體」跟「相」，一切都無礙圓融。這是「佛所自乘爲宗」，這個宗趣就是這樣解釋的。

他又舉例了，《法華經》云：「乘此寶乘，直至道場。」「乘」是運載義，說大乘、小乘就是運載的功能。「乘」什麼呢？《法華經》是舉大白牛車，「唯此是一事實，餘二則非眞。」，《法華經》上說這個道理，說你乘此車就能達到無上的佛果。就是乘此無上乘、不思議乘，好令這位初發心的人，喜歡廣大，我們都喜歡廣、喜歡大，恐怕大不到這個地步、想不到這個地步。沒有學《華嚴經》的時候，怎麼想也想不到這麼玄妙，說也說不來，更不用說用心想。

近代的胡適之，他到過台灣。他是不信佛的，可是他看了《華嚴經》，下斷語說：「世間上寫小說的，不論中外，要能寫出像《華嚴經》這麼一部小說，那是不可思議。」他也說不可思議，不是我們心智所能想像得到的。

我們不說證得，要是有人，信此經中，能相信如來大智的境界、佛果的法門而自有之。你能生起一念信心，信如來的大智境界、佛果法門，我自己就有，這叫信。這個信心很不容易，若是生起這麼一念信心有好大功德？生起這個信心，比你承事供養十佛剎微塵數諸佛還要大；供養好多佛呢？十佛剎微塵數諸佛。

我們這個屋子，就有好多微塵。一個佛剎，三千大千世界。三千大千世界是我們這個娑婆世界的幾倍？一百億？一百億還只是娑婆世界一個南贍部洲啊，一百億是指著四大部洲。百億個四大部洲輾成微塵，這一個三千大千世界，你說這十佛剎微塵數的諸佛，你供養這個佛有好多功德啊！這不是以《金剛經》、《地藏經》所論的功德去校量。《華嚴經》講的功德都是以佛剎微塵數來比擬。這個數字對我們的心力來說，簡直不可思議、不可思議，我們沒辦法知道。這個屋子有多少微塵，我們就都沒辦法算。

供養好長時間呢？「經於一劫」，供養一個劫。就是你一念心，「如來大智境界佛果法門而自有之」，我自己有的，就生這麼一念信心，就勝過你承事供養十佛剎微塵數諸佛，供養時間經於一劫所有的功德。

我們大家都聽了《華嚴經》，是不是這樣信啊？要是這樣信，你雖然沒成佛，你未來的功德，不是國王，不是天王，不是玉皇大帝，不是梵天，比那個功德還不可思議沒有辦法比較。也不像《金剛經》、《地藏經》，這些《方等經》所說的功德。這個功德是不可思議的功德，一念信心，為什麼有這樣的功德？這一念信心，就是你不久就會成了毗盧遮那佛，是這個原因，所以說不可思議。

我再重複一遍。「若有信此經中如來大智境界佛果法門而自有之」，說我自己具足了如來大智境界佛果法門，就超過承事十佛剎微塵數佛供養一劫的功德。

在〈賢首品〉中有句偈頌，「一切世界諸群生，少有欲求聲聞乘，求獨覺乘轉復少，趣大乘者甚希有。趣大乘者猶為易，能信此法倍甚難。」

說在這世界上一切所有的眾生，想要求聲聞乘的很少，求獨覺乘的也轉復少，比求聲聞乘的更少。「趣大乘者甚希有」，這個大乘指的是方等的大乘，指的是頓教的大乘。這個是圓滿教，所以大乘有區別的。「趣大乘者猶為易」，把趣大乘也看為容易。「能信此法倍甚難」，能信這個法的難上加難。佛說《華嚴經》的目的，就是讓一切眾生能夠相信自己具足了如來大智境界佛果法門，這就是佛的宗趣，是《華嚴經》的宗趣。

說凡夫地，我們說是凡夫。凡夫要想入佛果，就這麼一念信心，「不逾剎那，但隔迷悟。」就是一迷一悟之間，就是毗盧遮那佛與我同體，就這一悟之間。也沒看見他不成佛的時候，也沒看見他成佛的時候，也沒看見他斷煩惱的時候，也不見證菩提的時候，「不移毫念」，就是一念之間頓證了。這個解釋要我們相信，怎麼樣起修還沒說，在經文裡頭會說的，但是現在你應當相信。這不是世間情感所能見到的，所以這一法是難信啊，是真難信，「是故難信」。

如經文裡頭說，「十信之位」，在十信位階要相信什麼呢？相信金色世界，不動智佛，上首的菩薩文殊師利。文殊師利，我們稱妙德，我們翻文殊師利為妙德菩薩，或者翻妙吉祥菩薩。金色就表示清淨無垢，這就是法身的理體不動智佛。

我再重複一下，一定要相信，不然你沒法學《華嚴經》，你以後沒法聽，一定要相信。相信什麼呢？相信這個如來大智慧的境界佛果法門。不然你到〈世主妙嚴品〉，沒法理解。你必須有這麼一個信心，你才理解成佛功德的量有好大。古人說：「不讀《華嚴經》，不知佛富貴。」你看世間的富貴，看這個娑婆世界，看這個三千大千世界。或者我們念《藥師經》想東方琉璃世界，或者念《阿彌陀經》想西方淨土世界，琉璃是瑪瑙，那太局限了。你看看華藏世界，看看〈世主妙嚴品〉，你把《華嚴經》讀一讀、看一看，就知道那是什麼境界了。

文殊師利菩薩是從南方不動如來金色世界來的，是形容他的金色世界。以下就講文殊師利菩薩。我們不但相信自己是毗盧遮那佛，還要相信你自己也就是文殊師利菩薩，也就是不動智如來。那就包括你要是念阿彌陀佛，你自己就是阿彌陀佛，極樂世界就是你的依報，阿彌陀佛就是你的自身，自他不二。你生到極樂世界去，生到實報莊嚴土去了。

還有我們念阿彌陀佛，釋迦牟尼佛教過兩個老夫婦念阿彌陀佛的念法：「南無西方極樂世界三十六萬億、一十一萬九千五百同名同號阿彌陀佛。」一個佛要是有一個世界，一十一萬九千五百就有一十一萬九千五百個極樂世界。應當這樣理解，這就是華嚴境界。

大家聽這個玄義，可能都還有些個問題，好像很玄似的，其實他就是我們現前心的動念。我們一天的念頭所創造的，也是無窮無盡。我有時候靜坐想，我現在八十三歲了，想到六歲時候的事我還記得，六歲以前不知道，想不起來。從六歲的時候想起，一直想到現在，確實就像是短暫的時候，一想很短暫。可是我們每天過的時候，又感覺很長、很長，特別在監獄裡頭感覺特別長、特別長。等到學法的時候，又感覺到特別短。在鼓山法界學苑跟慈舟法師學《華嚴經》的時候，我最初有差不多將近一年不知道說些個什麼，這些經文也好、玄義也好，我不知道老法師講的是什麼，一個原因是語言不懂，另一個原因是經文不懂。經文都是這些意思，如果你前頭懂得玄義了，你到經文才懂，感覺入進去了，就嫌時間短了，好像沒學到，要學的東西很多還沒學到。五年畢業了，學院也就不辦了。

所以一切事物都是這樣子，時間、地點都不是局限的，時間沒有一定的時間。我們每個人都是這樣，你要是高興的時候，時間過得很快；你不高興的時候，時間很長。《華嚴經》有句話說：「時無定體，依法上立。」時間是沒有一定的標準，長短沒什麼標準。時間是人來畫的，鐘點是人來定的。五千年之前的中國，恐怕也沒有鐘錶，以看太陽來計時間。時間沒有一定的，是人爲的，高興了時間很短，不高興了時間很長。涵義就是這樣，你應當這樣觀想體會，這就需要眞正的修行。

一個人要修心，我們講修心，就是把你心修好，就是把你心看住，讓它符合你的本體。這個心是妄心，用妄心來觀想眞心。其實妄心就是眞心，你用到妄的地方就妄了，用到眞的地方就眞了，說它假了它就假了，說它眞了它就眞了。這話好像很籠統，眞是這樣子，這得靠修行。修行，就是你多思惟、多觀想，你才會入到法界裡頭。「心生則種種法生，心滅則種種法滅。」要這樣的信。

講這部經講到最後還能有二十個人來聽，我就感覺很滿足了。不過現在在座的師父都有十幾位了，很不容易啦。這種法很難遭遇。我們經常說，武則天的功德是作了一首詩，就是讚頌《大方廣佛華嚴經》的開經偈，我們每天唱誦的偈子，那是她做的。「百千萬劫難遭遇」，不要說念、聽啊，你遇到這部經都不容易。

我剛從監獄出來之後回到北京，想找一本〈普賢行願品〉，在北京如何找都找不到；而且是在各寺廟裡去找，不是書攤上，書攤上根本沒有，都燒毀了。

後來我知道廣化寺，有一位跟我同受戒的戒兄弟，他現在還俗，當了宗教局的官。因爲他靠攏共產黨，共產黨相信他，讓他管理經書，經書就鎖在那個櫃裡頭。我就問他說：「你櫃裡有沒有〈普賢行願品〉？」他說：「有啊，還有老法師講的〈普賢行願品〉註解。」我說：「你給我拿出一本。」「要殺腦殼的！」我說：「哪會那麼認眞的，你不要開玩笑，誰知道你拿。你在曬書的時候，在包包裡放一本，沒人會檢查。」後來他就給我偷出一本來。

他偷一本〈普賢行願品〉給我，打那時候我又恢復念經。我以前只念「一者禮敬諸佛，乃至十者普皆迴向」，只念十大願王，題我背得，全文背不得啊。從那個時候我又開始念了，你說靈不靈啊？念了回到北京了，念了來到美國了，我一直都在念，要是病苦、痛苦就一直念啊，不可思議，說靈，不靈，說不靈，不可思議。好，不可思議吧！

方山長者李通玄對於《華嚴經》全經的涵義，我們還沒講完。他最重要的觀點，是要這個心跟毗盧遮那如來的大智相契合。

我們要是相信這部經中的大智如來境界，這個境界是佛果，就是毗盧遮那佛已經成就的果德。我們要相信這個果德，我們自己本來就具有的。因爲這一念的信心，就勝過承事供養十佛刹微塵數諸佛。你供養另一個，沒有這個信心。就算供養了十佛數微塵刹那些諸佛，供養時間很長，「經於一劫」。這個功德也不如你起一念的信心，信這個如來大智境界的佛果法門是你自己本有的。如果沒有這個信心，你沒辦法入華嚴，你入不進去法界。你必須得有這個信心，你才能夠學《華嚴經》。

因此，境界是講不動智佛者，什麼是不動智佛？即理中之智也。我們經常說話的時候，說你這個人不注重事實。世間上事，沒有實在的，你就是注重了也不是事實，根本就沒有事實。我們所講的不講究事實，講究理實。事實是虛有的、空虛的，理是實的。這個理是什麼理呢？《占察善惡業報經》以及其它的經論上也講，叫「實際理地」。如來的大智境界是什麼境界呢？是理的境界，這個理就是「一眞法界」，這個智慧就是「一眞法界」之智慧，是一切的凡夫、聖人共同所有的。

所以說一切處都是文殊師利菩薩，一切處都是金色世界，一切處都是不動智佛。因為文殊菩薩他從南方來的時候，南方的金色世界是不動智如來，文殊師利菩薩是從那個地方來的，所以就說一切處都是文殊師利菩薩。現在我們的五台山，在《華嚴經》〈諸菩薩住處品〉有：「東方有國，名曰震旦，其土有山，號曰清涼。」清涼山是金色世界，一切處都是金色世界，一切處都是文殊師利，一切也都是不動智佛。

要是有這樣信心的人，必須得信自心是佛、自心作佛。以這樣的信，你就能夠相信一切處都有文殊師利菩薩，給你做老師，一切處都是金色世界，因為一切處都是佛世界，一切處都是不動智如來。

你這個心，「無依住性」。我們大家學《金剛經》的時候也都學過，學「心無所住」。這是講性，性跟心是一個，因為說性更普遍一點。無情，草木，山河大地是無情，有性沒有呢？有！那是法界性。有情，這個性的體性，所以叫心。因此，性更普遍一些。

說我們這個自心的、微妙的、實際的理中的智慧，理中之智，就是無性的妙理，也就是妙智，理即是智，智即是理。這個心有沒有分別呢？它不屬於分別性的，它是自在性。「觀自在菩薩行深般若波羅蜜多時，照見五蘊皆空」的時候，那個「照見」，有沒有分別呢？沒有。沒分別又怎麼能分別五蘊呢？光明照見的。他不在五蘊的色、聲、香、味、觸上起執著，不住念。我們這個心不住於色、不住於空，空、色二都不住，才叫妙智。住空落於偏空，住有落於凡小。空有結合了該對吧？但是權乘的菩薩要空有無礙，這叫不動智。

理和智是一個、還是兩個呢？有時候是兩個，理不是智，智不是理。智是從理中而起的，是用，不是體。有時候用即是體。這看在什麼，對那個當機說，看怎麼樣用，怎麼樣用都可以。分作二，可以；無二，也可以。本來理即是智，智即是理，是無二的。這個時候，就看如何有智慧的用，這是不可思議的，是自在用。

我們的用，是局限的，不那麼靈活。現在我們也沒用上，因爲我們的心在不覺當中。現在我們信佛了，開始有始覺，這個始覺就是剛剛有個信心而已。而我們所謂的信心，不是現在我們講的這個信心。

你必須在念念之間，相信自己即是佛、法、僧三寶，自己即是不動如來；

念阿彌陀佛，你自己即是阿彌陀佛。要認識這個「理智無二」，妙用才能自在。所以說「一切諸佛從此信生」，都從文殊菩薩大智的信心而得成就的，文殊菩薩是以信為主的。

信心成就了，就入住了。怎麼樣能知道你信心成就了沒有呢？就是「以定慧觀智力印之」。觀想你的智力、定力，是不是跟毗盧遮那佛的相應了，「一念相應」，就是一念心相應了，就是那個剎那際悟得了，「便成正覺」，就成佛了。但，是不是眞正跟毗盧遮那佛一樣了呢？理上是一樣，事上還不行。

所以善財童子遇到文殊師利菩薩的時候，文殊指示他五十三參的時候，參各個善知識，他參一位善知識證得一位，參一位善知識證得一位。五十三位都證得了、究竟了，彌勒菩薩要他回參文殊師利菩薩，說：「你這個成就的佛果，是從你那個最初的自性的信心而來的。」所以說，這樣子來修行，印證你的定慧，以你的觀智來印一下。我們自己沒法印，可以對聖校量，我們的老師就是《華嚴經》，你可以看《華嚴經》，它說你現在的境界相，心跟境合一，心境不二，就是理智不二了。所以，才能生起這個信心。

生起信心來的，在《華嚴經》中有十種信心，像〈淨行品〉也是信，〈賢首品〉也是信，都是信。要是生起信心了，這個時候你就能夠知道「信爲道源功德母，長養一切諸善根。」一切善根從此生起了。文殊菩薩之所以號稱十方諸佛之母的原因，就是因爲一切諸佛都是從信生的。信自己是毗盧遮那佛，信自己是不動智如來，這時候你能產生妙用，就是這一念的信心。因此稱文殊師利菩薩爲十方諸佛之母，就是因爲「信爲道源功德母」。

「取能行行處」，前頭的行（ㄒㄧㄥˊ）是作用義，後頭的行（ㄏㄥˋ）是法門義。你所修行的法門，什麼法門呢？是普賢行的法門。所以普賢即是文殊，文殊即是普賢。但是我們提大智的時候，一定要提普賢的行願，以普賢行願成就了最初的妙德智慧，文殊師利又翻妙德。這個時候的妙慧，不可思議的產生的智慧，因爲從理中之智是不可思議的，所以就號爲妙德。

爲什麼不可思議呢？我們剛才說根本智是無分別的，但是他是差別智，他善能分別一切眾生的根機，這叫差別智。從根本智而起的差別智，能分別眾生的根性，應以何法得度者就給他說什麼法。這種智慧只是方便善巧，不動本體，所以說「號之爲不動智佛」，文殊師利即是不動智佛。這都是合而爲一的，要在這個地方生起信心，才叫眞正的信心。

像我們說信三寶、信佛，乃至於學法，信心還沒有成就。如果你見到每一位佛友都說：「你是不是毗盧遮那佛啊？」不會有一個答覆你說：「我是！」你問我，我也說不是。爲什麼？我是就事答覆你啊，你問的是事不是理啊，依理，你不會問啊，一定要懂這個道理。

解釋《大方廣佛華嚴經》的題，有的是倒著解釋，從「經」開始解釋起，解到「大」字；之後又從「大」字往下解釋起，解到「經」字，來回反反覆覆的解析。爲什麼這樣子呢？要有個入處，不然你沒辦法入啊。我們總是一說「大」，一定對「小」說的，那就錯了，這個「大」是絕相的，不是對「小」說「大」。我們講智慧，智慧就對著愚癡說的，這不是對待的，所以在《華嚴經》你不要用對待法來比，一切都是絕待的。

你一旦建立起信心，就得漸漸修，要修行這個信心。這些信心就像小孩初生似的，所以文殊師利菩薩共有五文殊，有位童子文殊，代表初信的初生的童子，童子就代表信位。五文殊就是信、住、行、向、地、等覺、妙覺，五文殊相是代表五種階行，是依著《華嚴經》起立的，所以遍一切處都是文殊。

到這個時候一念相應了，這就是十住的發心住，這時候才發菩提心，眞正的發菩提心。我們經常講：「你有沒有發菩提心？」你回答說：「發菩提心了。」雖然說發菩提心了，但你發的這個菩提心還不是眞實的。初住的發心是不是眞實的呢？是相似的，還不是眞實的。到十地的初地、歡喜地，還發菩提心，那是眞實的，稱到實際理地了。成了佛之後還要發菩提心，那是果後的菩提，叫果後菩提、果後行因。這就是《華嚴經》的意思。

我們還沒有講《華嚴經》經文之前先講這種意思，是要你們記住這種意思，經文不懂，把這意思帶上就懂了，一會就懂了。〈普賢行願品〉我們大家也都讀，也都在念，也聽講，那是果後的普賢。我們這部經裡頭所講的普賢行，是果前的普賢行。〈普賢行願品〉不在《華嚴經》的唐譯、晉譯裡頭，而是貞元第三譯，那一品經文就四十卷了。晉譯的華嚴六十卷，唐譯的華嚴八十卷，〈普賢行願品〉的華嚴是四十卷，叫《四十華嚴》，〈普賢行願品〉也就代表全部華嚴了。

這是讓大家在開始的時候就懂得這個意思。

這個時候一念相應了，相似證得菩提了，叫十住初心。證得了這個初心的時候，十信滿心了，他就成了佛了，變成正覺。在禪宗，成了佛就是跟佛一樣。在我們學教理的人講，那不一樣，這叫素法身佛，沒得功德，還沒有三大阿僧祇劫利生的功德。成了正覺，就能示現八相成道，但示現的只是化身。至於十行、十迴向、十地這些後位菩薩的功德，這個住位的菩薩還沒證到，但是，他在理上是平等了。凡事都平等的，理中之智慧都是平等的，但是他所證得的還是不平等。這個道理一定懂得，一懂得行布，就要懂得它的圓融；懂得圓融，就知道這個圓融是圓融行布的，以圓融的意義來講是可以的。乃至於我們現在一發心，已經就成佛了。不只《華嚴經》這樣說，《法華經》也是這樣說：「若人入於塔廟中，單合掌小低頭，皆已成佛道。」跟這個意思是一樣的。

不過這個意思得多加解釋，說過去一切諸佛成佛，都是因爲最初種因的時候，入於塔廟中，單合掌、小低頭，看見聖像，看到菩薩像。這個因一種下去，有這個因一定結果，最後一定能成佛，是這樣一個涵義。這是從諸佛已經成佛來證明，所以進了塔廟中單合掌小低頭皆以成佛道，就是這樣來解釋的。

這就是說他這個信心成就，能夠行普賢行願。普賢行願是什麼願呢？就是你心行。他自己再發菩提心，這菩提心就是菩提行，就要這樣運用、運作。這個行門，就是菩提法門，這樣運作，就能逐漸的成就了。

這就是自己的自心契自性，跟自己的自心契合了，妄心沒有了，突然眞正顯現你的眞心，那就是理的智慧發生出來了。這個時候，五蘊，什麼色空諸法，一切都清淨了，這樣子號爲不動智佛。

「且能信處」，就是生起信心的信處，「處」是指你信不動智佛，或者信阿彌陀佛，或者信毗盧遮那佛，佛就是你的信處。這個「處」是什麼呢？就是你的自心，這個就「號曰信心」。然後這個信心跟你的理相契合了，這才能夠住心。住什麼心呢？就是「住佛所住」。

這時候你的智慧得解脫了，因爲跟這個無生法—法性的理體，相似證眞如，但還不是眞正的證。這叫諸行相三位，三十位的菩薩，叫三賢位的菩薩，他就是相信、相似。登地了，叫分證。在其它的經上就十分，從初地到十地。在《華嚴經》上開個十一，叫十一地，最後一地，十一地就是妙覺了。這樣子「無生法故」，相盡了，無生法生了。

什麼是無生法？想想看吧！參一參就是了。什麼是無生法？無生法就是你無念了。心生一切法生，無念了，心不生了，一切法也就不生了，就無生了。但是這只是一念相應，所以是在初住位，一念相應。而心外去見佛，或者泥塑的、木雕的，乃至於眞佛，即使佛在世時候見佛，都不叫有信心，要是心外有佛者不名信心。

這個問題很深，我們大多數禮佛、拜佛的時候，我們觀想佛的時候，沒有作爲一體，都作爲兩體。同時我們的分別心，認爲釋迦牟尼佛跟阿彌陀佛不同，阿彌陀佛跟藥師琉璃如來又不同了，再加上不動智佛，像《華嚴經》講剎塵數那麼多佛，我們這個心就無窮無盡了。當然只有一個，心外無佛，也是心外無法。離開一切諸法，如何明心？心在什麼處呢？心的一切諸法就是心。這個道理來回反覆，可是這個信心很不容易堅定，堅定了就是諸佛了。

不叫有信心，叫什麼呢？「名爲邪見人」。這點其實般若義已經說過了，《金剛經》第二十六分不是有這個偈子：「若以色見我，以音聲求我，是人行邪道，不能見如來。」心外求法都叫邪見。根據這個意思，修行就是修心。修行要多作觀想、多作思惟，你能把心看住了，你就成佛了。但是它沒有能看的，不要因爲我這麼一說，你生出一個心來看你的心，能看的是什麼？不要另外有能看的心看所看的心。沒有能所，絕對待的。長短、大小、方圓，《華嚴經》都沒有對待的，而是絕對的，絕待的。

「一切諸佛皆同自心，一切眾生皆同自性。」心性本來無差別，在眾生說，他性，因爲這裡頭有個什麼性呢？「習種性」。「性種性」和「習種性」這兩種性分別起來，要用很多語言文字才能說清楚。簡單說，現在我們所用的這個性，都是「習種性」，慣性的作用。有時候你可以把這個用在一切法上。你學《華嚴經》也好，學哪部經也好，如果你不在日常生活之中運用，跟生活結合起來，那麼你所學的佛法沒用。說一切法都是你的心，尤其用這一切法的方式，把你的心磨練得也很明白了，一切法都是你的心，你的心就是一切法，是心生的。這個道理，我說起來好像只有一句話，但是你要用起來，很不容易。但是你必須得這麼用，不論你學什麼教，小教、始教，小、始、終、頓，藏、通、別、圓，顯、密，都是一樣的，不過方法不同而已，都是磨練心的辦法。所以一切諸佛就是這麼一個心，一切眾生也同這麼一個性，這是眞性的性，一眞法界性，或是「習種性」。

像我們好多人，前生的習氣帶到今生。印度有一位阿羅漢，過去多劫多生以來，他的福德特別大，前世用奴才、用下人、用僕人，永遠當主人。所以他語言的行爲都帶到今生來了，他沒辦法，改不掉，那種習慣是一種力量。像我們每個人，各人有各人的習性。說一母生九子，九子各人有各人的習性。但是你非要異裡強求同己，這是做不到的。一個人如是，多人也如是，人越多是非越多，各人表現各人的慣性。這個性是「性種性」，本具的。性而生的性，本具的。這跟佛一樣，這也可以叫心。說一切諸佛都是自心，一切諸佛就是你的心，一切眾生都是你的性。

這個性沒有依止的，一切都依止性，性不依止一切。因此說，一切眾生跟諸佛體無差別。這個體就是大，《大方廣佛華嚴經》的「大」。「以此同體妙慧」，心、佛、眾生同一個體性的，妙就是不思議的意思，這種的智慧，稱爲妙慧。妙慧是什麼呢？慧是識別、分別。不分別而去分別，這叫妙。無分別，你又怎麼知道呢？諸佛的心跟眾生的心，你又怎麼知道呢？用你的妙慧。根據佛所教導的，你雖然沒證得，但是你解悟了。悟沒悟到，從文字上，從聽經聞法上，理上你明白了是這麼回事，事上你還沒有妙用，你用不成。

因爲「同體妙慧」，知道諸佛的心，也知道眾生的心，應如是信解。但是《金剛經》上說：「過去心不可得，現在心不可得，未來心不可得。」就是三心了不可得。因此你知道眾生心跟佛心都如是，因爲不可得故。在不可得的得處，就叫開悟。那個不叫得，叫開悟，叫明了。一明了，就把以前的黑暗都破除了。若是這個屋子一千年都沒亮過，你拿一個燈進去，陰暗馬上就沒有了。那麼，暗到什麼地方去了？明又從什麼地方來？這就是你的心境。當你明白的時候突然亮了，你過去的一切黑暗、一切不明全都明白了。應當這樣信，這樣解釋。

但是，不要欺騙，不知道就是不知道，沒明白就是沒明白，不信還是不信，必須把障磨盡了，信就產生了。

依這樣的信解，因此說這部經的宗趣，是「爲大心眾生入佛根本大智佛果」。《華嚴經》是只要一切發菩提心、發大心想成佛的人，就能夠進入佛的大智佛果。修幾十年，或者幾劫，或者無量劫，「一念契眞」，理和智同時顯現，這就是佛，「即名爲佛」，這就是一眞法界的道理。

如果見有初、中、後，如果你認爲有初、中、後。有沒有呢？有！有初、中、後。初發心就是始覺；之後，漸漸起行，就是相似覺；而後，漸漸證到法界性。有初發心時，有中間修行時，有最後的成佛果時。這是給三乘人作模範，劣解者沒有聖解，沒有這麼大智慧，讓他們照樣來修，照著佛所修行走過的路子去做。這樣有沒有頓呢？也有！像《法華經》，「令龍女非器，剎那成佛。」就是剎那際、一念間就成佛了。這說明他的信心廣大、深入，沒假方便善巧、三乘的設施而一念頓入了。這時候龍女才八歲，她是今生才學的，不是老早就學的，所以「今生始學非舊學故。」是龍女，龍是畜生，又不是人，過去沒有積修、沒有德，積修了不會變畜生，她在今生就信了這個法門。在理上是沒有迂迴，沒有滯礙，是這樣一個意思。她跟誰信的呢？跟文殊師利菩薩信的。《法華經》

也是表文殊師利菩薩，文殊師利菩薩在會上就證明龍女即身成佛，從信一入就成佛了。

法界的體性不屬於過去、不屬於現在、不屬於未來，因爲「法界體性，非三世故。」不屬於過去、現在、未來三世，也就是頓念的一念。「一念應眞，三世情盡。」一念相應了，無量劫的，是理不是情；情盡了，理智就顯現了。是不是情盡的時候，智慧就生出來了呢？情沒了呢？又說沒有出入，智慧是沒有出沒的。

我曾經引過張無盡居士的詩句：「斷除煩惱重增病，趣向眞如亦是邪。」斷除煩惱就能斷、所斷，趣向眞如就能趣、所趣，這都不合乎要求，不能得入。因此，煩惱不須斷，煩惱即菩提，不須斷。這種涵義，在經論，各位祖師開示，到處都顯現。對於這個問題，我們缺乏用功，缺乏思考。

在〈六祖壇經〉，惠能大師跟神秀大師的偈子，一個是三乘的，一個是頓修的，兩個都很好的。如果是中根的人，依著神秀大師偈子，時時的注意修你的心，時時的斷煩惱，你會證得菩提的。神秀大師的偈子是「身是菩提樹，心如明鏡台，時時勤拂拭，勿使惹塵埃。」只要你時時刻刻的依照佛的教導去修行、去觀察，不沾到塵土污垢，像個鏡子似的，你時時的常拂拭，塵土不垢了，光明永遠是顯現的。六祖大師是頓了，是頓不是圓，跟華嚴義是不一樣的，他只是頓。菩提不是有形相的，其實神秀大師也是舉例來說，也不是說身就是菩提樹，他不過是舉個例，但是神秀大師的這個例舉得不恰當，菩提本來也不是樹，菩提是沒有形相的，明鏡也不是台，心靈上也不是台，也不是可以顯現的。「本來無一物，何處惹塵埃？」還要拂拭什麼？不要去做了。一個是理智的三乘的，一個是頓智的契入，頓證佛果。但是，得看根性的不同。

李長者舉這個例子來說，你要學華嚴，必須得用這種智慧來學，不能用三乘理智來學，所以他引經據論舉這些例子。

他說，龍女成道是根據《法華經》說的，她是到南方無垢世界成佛。南方顯示正、明，南方的光明。因爲我們的俗見，以這個做例，太陽到正中午的時候，到立中天的時候，大都是南方。我們以南方爲正，無論做什麼都面對南方，取其正而已，以正制邪。龍女到南方無垢世界成佛，她已經證得了，明、正，證位了。以主離世間，離三世，離煩惱。這個離，不是有個離相，離就是明。就是說她已經證了，已經明了，像日光似的，「爲日」。或者更深入，說「爲虛無」，虛假的沒有，什麼都沒有，當然無垢。這樣的來解釋南方無垢世界的意思。

但是在法華會上，權乘的菩薩，小乘的聖人－阿羅漢，大家都看到了，親眼看見的不能不信。但是他沒有證得，他只是遙見，看見別人證得了，所以叫「遙見」。李長者先解釋《法華經》之後，他再合照《華嚴經》的意思。

一眞法界是什麼樣子呢？什麼叫一眞法界呢？「自他相徹」，說「自」，就是現在你的心，眾生，「他」就是佛。「相徹」，因該果海，果徹因源。現在你這一念心，念佛的時候，就該到一定成佛，把成佛的攝受到你現在的信心。等最後成佛，就把你以前進入佛門開始的那時候都攝入了。

像《華嚴經》中，善財童子一生成佛。「一生」，就是從凡夫地，從十住的初心，一直的見到彌勒菩薩，那就是契了無生，一生契無生。那就是法界的智慧生長了，不是業生的。這個業是指作業的業，不是指惡業，是指善業生的，作惡業生不出來。任運的，加個「任」字，任是自然義，任運的法界智慧生起了。

因爲他一念契合無生理，就證得了。

這就是本經的宗旨、宗趣、趣向。到這個時候，長者已經把這一段《華嚴經》的大意，用幾百個字就解釋完了，就是讓你契合你自心。「博達君子，可試思焉。」你試驗一下吧，想一想。

**評曰：**此經宗趣。疏折衷諸家。以法界理實緣起因果不思議爲宗。而論於法界之上。加毗盧大智之言。而法界下。加體用法報性相無礙等言。與疏法界緣起不思議之義・其意大同。但疏中廣明法界緣起・義甚玄妙。而論令大心衆生。於此經中自信如來大智境界佛果法門・本自有之。金色世界・明白淨無垢法身之理。不動智佛・即理中智。自心無依住妙慧。是自文殊。凡聖共有。故云一切處文殊師利。一切處金色世界。一切處不動智佛。意尤痛切。讀者毋忽。

「評曰」，是誰評呢？是道霈禪師。究竟方山長者李通玄說的，跟清涼國師澄觀大師所說的，孰是孰非？「評曰」就是他的評論。那麼這部經的宗趣，清涼國師的〈疏鈔〉是把所有的過去的祖師，不論是三論宗、法相宗，乃至天台宗，諸家對於各經的宗趣都有不同。他把各家的宗趣摘要的，來做作為法界華嚴的宗趣。〈疏鈔〉是以法界、理實、緣起、因果、不思議為宗，這個前面講了，不再重複了。

而〈華嚴合論〉是在法界之上又加一個毗盧大智—毗盧遮那的大智慧，在法界、理實、緣起、因果、不思議上加一個毗盧大智。又在法界的底下，加一個體用、法報、性相、無礙。這些跟法界、緣起、不思議的意思是相同的。

但是，道霈禪師是擇取〈清涼疏鈔〉，因為〈疏鈔〉對於法界緣起的意思，說得很微妙，很玄妙。令大心眾生，發大心想即身成佛的眾生，於此經中，若能夠自己信如來大智境界佛果的法門本自有之。這句話反覆的說，非常重要。不論是〈疏鈔〉，或者是〈合論〉，都要我們信自己具足了如來的大智境界佛果法門。

釋迦牟尼佛在菩提樹下夜睹明星剛一開悟的時候，他就發現一個奇蹟：「奇哉！奇哉！大地眾生皆有佛性。」不假修證，本來自有的。但是有了又怎麼能顯現呢？《法華經》〈信解品〉上的窮子，他不知道衣服裡頭有無價寶珠，到處流浪。不知道的話，有等於沒有。像我們在六道輪迴受苦難的時候，雖然有個不可思議的大智境界，一點也用不上，不起作用。所以必須得磨練，讓他起作用才行。

「金色世界，明白淨無垢法身之理。」這裡舉文殊師利菩薩的南方金色世界，這是理性，是指文殊菩薩不動依住的妙慧，我們自己也就是文殊。是自文殊，非外文殊，也是凡聖共有的文殊，文殊的大智凡聖所共有的。故云：「一切處文殊師利，一切處金色世界，一切處不動智佛。」這種結論，非常的深刻，他希望學者一定不要忽視了。

這是第三科的宗趣，是《華嚴經》說這個法的目的，它所歸趣的是什麼，那就是如來的大智境界、金色世界、依報。

## 四判經屬圓教

**疏**：以養分教。教類有五。即賢首所立。一小乘教。二大乘始教。三終教。四頓教。五圓教。初即天台藏教。二始教者。亦名分教。以深密第二第三時教。同許定性無性・俱不成佛。故今合之。總爲一教。此既未盡大乘法理。故立爲初。有不成佛。故名爲分。三終教者。亦名實教。定性二乘・無性闡提。悉當成佛。方盡大乘至極之說。故立爲終。以稱實理。故名爲實。四頓教者。但一念不生・即名爲佛。不依地位漸次而說。故立爲頓。如思益云。得諸法正性者。不從一地至於一地。不同於前・漸次修行。不同於後・圓融具德。故名爲頓。頓詮此理。故名頓教。天台所以不立者。以四教中皆有一絕言故。今乃開者。頓顯絕言。別爲一類離念機故。即順禪宗。五圓教者。明一位即一切位。一切位即一位。是故十信滿心。即攝五位成正覺等。依普賢法界。帝網重重。主伴具足。故名圓教。如此經說。

以下是第四科的。爲什麼經要判教？因爲各個的用語、用處、地方不同，就有深淺的差別了。所以歷代祖師，說這一部經是小教，說苦、集，苦是因，你招感來的，你做壞事了，你要行善，講占察善惡因果。這是屬於小教，它的意義不夠深遠，更不敢說自己是佛，眾生界還沒離開，還說什麼佛！它就是小教，要你知苦、斷集、入滅、修道。知道苦了，苦怎麼來的？講苦是你自己招感來的，你做壞事得來的。但是《華嚴經》絕不這樣講，因此這就屬於圓教，前者就屬於小教。小、大、偏、圓，乃至於藏、通、別、圓，都是這個涵義。

五教是以《華嚴經》爲主的。《華嚴經》教義以五教來分析，這是賢首國師立的。創立五教的人，是杜順和尚。到了第三代，賢首國師正式立五教，清涼國師又發揚光大。

一共分五教，一小教，二大乘始教。大乘就分兩種，一個是始教，一個是終教，是大乘的開始、大乘的終極。頓教，超越大乘了。圓教，又超越頓教了，是圓滿教。

天台宗智者大師判教，他分爲藏、通、別、圓。爲什麼他判爲四教？他沒有立頓教。藏教就是小教，通教就是大乘始教，別教是終教，其次是圓教，他沒有立頓教。

始教，就是大乘的開始。因爲開始的大乘教義，說闡提無性，沒有佛性；性不具的，沒有佛性，說他不能成佛。他不具佛性，怎麼能成佛？闡提就是性不具，所以就開始分教，有一分不成佛。終教就是終極之教，一切眾生都能成佛。以下他舉經出來，以《解深密經》來說，定性、無性都不能成佛。定性聲聞不能成佛；無性就是闡提，沒有佛種性，他也不能成佛。這叫一教，又叫時教，又叫分教，有一分不能成佛。這跟大乘究竟的理、體、智是不相合的，所以立爲大乘的初教，有不成佛的，所以名爲分。

終教，又叫實教。實教就說是終極、至極之教，說定性、無性闡提都能成佛，這才叫大乘的教義，所以立爲終教。因爲稱實際理地的緣故，就是理實，這是講理實，不講事實。

頓教，一念不生即名爲佛，所以稱實際理地，叫頓教。一念不生即名爲佛，它是「法性本空寂，無取亦無見，性空即是佛，不可得思量。」這是《華嚴經》說的。不依地位，所以頓教不講宗趣。不依漸次，所以立爲頓。像《思益經》，說是得到諸法的正性了，他不從一地至一地，不同以前一地一地這樣修，一地一地這樣成，不是這樣漸次修行。也不同於後，不同於圓教，圓教是圓融具德，無礙的意思，所以叫頓教。

爲什麼四教不立頓教呢？四教認爲藏教、通教、別教、圓教都有頓的涵義，不單立頓教。五教感覺到含不進去，特別立個頓教，「頓詮此理」。天台四教，感覺到藏、通、別、圓裡頭，都有絕言的部份，言語道斷。頓教是「言語道斷，心行處滅。」在四教的每個教義裡都有，所以不單立教。五教跟四教的差別之一就在此。

因爲五教立個頓教，賢首國師那時候的禪宗就很發達，他感覺到這一類的機，跟經教上所說的離念眞如、離言眞如、絕相眞如，跟其它教裡頭所說也有頓的意思，但是不相同，頓是超越的意思。

我個人的看法，昨天講過了，像用快刀切千層紙，又如現在我們開汽車走，過去開牛車走，汽車比牛車快速多了。現在飛機可以載上火箭。有沒有次第？沒超越一點，不是跳的，都得一步一步過。但是頓了的意思，是說它快速了，分不出層次來了，是這樣子。頓證的人、大機的人，就是層次沒分，他不斷惑嗎？他不斷煩惱嗎？他見思惑、煩惱都是斷的，但是他頓斷，你看不見次第了。

有的時候我講經，沒有判教，沒有五教法。因爲這裡講《華嚴經》必須得說，這是五教的根本，但是對我們沒什麼用處。若是在學校、佛學院裡講，像法師必須得知道，例如講解法性或者心，你聲聞也得明白法性，也得開悟，也得斷見思煩惱，一樣的，爲什麼給他定個小呢？他根器不大。不這麼判，不這麼講解，每一部經上，減少很多分別。因爲一追求名相，那樣一分別，反把那部經的涵義、眞義給混淆了。但是在《華嚴經》的懸談必須得講，等你到正文，佛並沒有分哪個小、始、終、頓、圓，也沒有分藏、通、別、圓。這是後來學習的祖師大德們，爲了方便進入學習，才立了這些次第。

但是我們一定要明白，聞了法是爲了生死，若聞了法只爲得利益，不爲了生死，只求現生得安樂，少點病痛，生意做得好一點，就滿足了，至於成佛、當菩薩想都沒想過，你這樣來給他分析、來判教，跟他風馬牛不相及，所以沒有用。但是因爲大家想學《華嚴經》，必須得知道，什麼叫絕言眞如，什麼叫離相眞如。終教以前都不說「眞如」、「一眞法界」、「眞心」、「妙明眞心」，你要怎麼樣修才能達到「妙明眞心」，「實際理地」，好像眞實有這個東西，其實沒有，本來什麼都沒有，才能圓融無礙。

明一位即一切位，這是說圓教的意思，你必須達到這個才能達到圓教的意思。頓而不圓，頓教後頭爲什麼要有圓教？圓教是前頭的小、始、終、頓，在圓教說起來，都能給攝受了，圓教裡頭含攝著小、始、終、頓。小教不能含圓，頓教也不能含圓，只能夠圓教攝前四，前四不能攝圓教，這個意思就很明顯了。

所以說十信滿心，就能五位成正等覺，這是依著普賢法界。我們有時候把普賢當成一個人，當成一位菩薩。不錯，他確實是一位菩薩，但是他這位菩薩是眾普所成的。「普」是什麼呢？普遍法界，「帝網重重，主伴圓融，故名圓教。」

「主伴圓融」的意思，我舉個例子，就像我們在拉薩學法的時候，我們那一班是五十個人，每天住在一塊兒都在討論。在拉薩上課不是請一個法師講，或者聽仁波切講，或者上師來講，人家聽完了就走，不是這樣的。這一班的老師跟大家同樣的一起讀，例如〈攝人乘論〉，我們大家跟著他讀，都會讀了，他向我們把這部經論的大意略說一下。之後，我們這一班的人，每天有一個人坐到中間，爲主；其餘四十九個人，就爲伴。今天以我爲主，四十九個人就向我發問。有質疑了，在我們說也許是刁難，大家都讀這部論，我讀的、我理解的，我就提出一個問題，我來問你，讓大家答，答完了互相辯論。今天是我，明天是你；今天我是主，明天我是伴；後天他是主，我們又都是伴；主也圓，伴也圓，「主伴圓融」。

這個會，今天是普賢菩薩，那個會是文殊師利菩薩，那個會是金剛藏菩薩，那個會是功德林菩薩，七處九會，不是一個會主；這個是主，其它都是伴。都是圓滿的，叫「主伴圓融」。有時候是伴，有時候是主；有時候是主，有時候是伴，就是「主伴圓融」。一多相融，主伴圓融就是周遍含容觀。周遍含容觀解釋這個「帝網重重」、「主伴具足」的時候，就是十玄門，到後面我們再詳細講。

**論：**中廣引東土西天諸家立教訖。乃云。通玄自參聖教。隨己管窺。以述意懷。用呈後哲。準其教旨。略立十種教。總該佛口出興始終教意。何者爲十。第一時說小乘純有教。第二時說般若破有明空教。第三時說解深密經．和會空有．明不空不有教。第四時說楞伽經。明契假即眞教。第五時說維摩經。即俗恆眞教。第六時說法華經。明引權歸實教。第七時說涅槃經。令諸三乘捨權向實教。第八時說華嚴經。於剎那際。通攝十世圓融。無始終前後通該教。第九共不共教。第十不共共教。如是十教。總是如來於本法界．一剎那際．一時．一聲．頓印如響。隨諸衆生自分根力漸頓不同。是故于今。以圓數故。略分十種教門。用彰進修解行差別。

李通玄長者，他不是五教，也不是四教。他把西天諸教，西天、東土所有的教義略說一說。他自己說的，他不管各個判教怎麼判，「通玄自參聖」，自從參學聖教以來，隨自己在筆桿的孔所看見的，「管窺」是表示自己見識很少的意思，這是客氣話。來說自己怎麼想的，他的意思是什麼意思，是怎麼思惟的。

把自己的意思說出來，呈現給後來的賢哲們。根據這個教旨，大概立了十種教，把佛教出興始終的教義，略爲這麼說一下。

這個十教我略爲念一下就可以了，我們不詳細講，這些教是他自己獨創的，沒人講，也沒人弘揚。何者爲十呢？

第一時，「說小乘純有教」，說有法，純粹有，一點不說空。就說是世間的善惡因果、三世因果，這是純有的。

第二時，「說般若破有明空」。他把般若定爲第二時，說一切有都是假的，明眞空，不是頑空。明空義，一切諸法皆空。

第三時，就是《解深密經》，把空有會合起來了，這個教叫「不空不有教」。

第四時，說《楞伽經》，「契假即眞教」。有即是空、空即是有，契假即眞，眞是空，假是有，有是建立在眞空上的，眞空因爲有才說空，因爲假才說眞，所以說是契假歸眞。

第五時，說《維摩詰經》，「即俗恆眞教」。他專舉《維摩詰經》，就是《淨名經》。前面講《淨名經》，這個地方講「維摩詰」，「維摩詰」又翻爲「淨名」。「即俗恆眞」，不是會假歸眞，也不是契假歸眞，俗、假就是眞，事就是理，就是事即是理。我們讀《心經》的時候，「色不異空，空不異色。」這個差一點，成份差一點；「色即是空，空即是色。」那就對了，這就是「維摩詰」的義，假就是眞的，說俗也就是眞的，事即是理。

第六時，說《法華經》，「引權歸實教」。《法華經》本來是實教，是圓教。在四教家，都崇法華，把《華嚴經》判成別教，《法華經》才是眞正圓滿教，「引權歸實」，就像〈譬喻品〉、〈火宅品〉，都是「引權歸實」，以前說的方便都歸實教，都歸眞實的。

第七時，說《涅槃經》，「令諸三乘捨權向實教」。《涅槃經》，這個時候就不同了，再進一步令三乘的人都捨權向實，就是捨小向大。

第八時，說《華嚴經》，《華嚴經》說剎那際，三世都不立了，「時無定體，依法上立。」「剎那際」，一剎那九十生滅，就是連我們一個眨眼的時間都沒有，心思所達不到的就是「剎那際」。

《華嚴經》通攝十世圓融無礙，這個「十世」，我解釋一下。我們說的都是「十世不離當念」，什麼叫十世呢？說過去，過去的有過去、有現在、有未來，這過去的過去、現在、未來三世。未來，未來還有未來，未來也有現在，未來也有過去，就是未來世的現在、未來、過去。現在，現在也有現在的過去、未來。三世就成九世了，加上你現前的一念心，九世就是你當前的一念，所以成於十世，這就叫十世。

「通攝十世」這是時間上，時間上是沒有時間的；「剎那際」就是時間，「剎那際」是沒有時間而勉強立一個時間，這個時間是沒有時間的。所以十世沒有，就等於現前一念都不存在，沒有始沒有終，就是沒有過去沒有現在，也沒有始也沒有終。這是第八時所說的。

第九時，說「共不共教」。立這十科的時候，是方山長者李通玄自己的意念，他說：「這是我個人的看法。」但是我們感覺到應當認識〈合論〉的意見，這裡有相當道理，他是直接的、頓入的。

什麼叫「共不共」？例如我跟大家講述的時候，這是「共」，平等平等，大家共聽。「不共」，就是有些人把我的話理解成圓教的，有些人把我的話理解成小教的，這是「不共」，各是各的；看來是共的，其實這裡頭是不共的意思。明白這個意思嗎？就是我說的話，平等的，是「共」；但是你的理解不同，你聽起來，就「不共」了。同是一樣聽到的，但解釋的就不同了，同文異解。

第十時，說「不共共教」。在華嚴法會，七處九會，都在說啊。我們往往像理解別的經似的，這一會說完了再說第二會。像我們上個星期說完了，先講第一部，完了再講第二部。不是這樣的，而是同時都在說。同時說，這個會是這個會主，那個會是那個會主，那個會又是那個會主，而且這個會能知道那一會，那個會能知道這一會，這叫重重無盡，不然怎麼達到重重無盡呢？

我本來在這裡頭說十信法的，但是文殊師利菩薩遍一切處，哪一會裡都有他。他又到善住樓閣去度眾生去了，好像這些法會都沒他了，他離開這個會場，自己另外到一個地方去，同時他又突然出現了，這叫「不共共」。

他在這裡解釋說，華嚴會上十方雲集，諸來菩薩天龍八部各各差別，同時得聞毗盧遮那佛的果德法門。這裡頭也具同、具別，圓融自在。同也自在，別也自在，叫圓融自在。

「如是十教，總是如來於本法界，一剎那際，一時，一聲，頓印如響。」一個聲音，能夠聽的各個不同。比如說空壑山渠，這個我們也試驗過，好幾個人，你投一個石頭下去，咕嚕咕嚕咕嚕，很久還在響；但這個響聲，跟最初投下去的響聲完全不一樣。還有，早期夜間三、四點鐘，養狗多的時候，你如果把你家的狗，讓牠叫喚一聲，這第一隻狗，或者看見影子叫喚了，其它的狗都跟著叫喚了，叫「一犬吠影，眾犬吠聲。」一隻犬看見影子叫喚起來了，別的狗，盲目的，不知道什麼事兒，聽到一隻狗叫，也跟著叫。我是舉例，如影隨響。在這些地方，你隨時要用心。

對於「圓融無礙」，有一次我在北京車站總站，那時候大概是趕一、兩點鐘火車，很清淨，人也很少。嘩！那個燈光，每個燈光，路燈，跟總站的燈，光光互攝。我就站在那兒，就看見我，好像光裡有我。我說《華嚴經》上光光互攝，動、不動互攝，就是這個涵義啊。所以賢首國師，他在屋子立了十面大鏡子，他就立在中間看，到處都有他，這個鏡子有他，鏡子裡都滿了，每個鏡子裡都滿了；其實他就一個，但是每個鏡子都圓滿了。

有時候你自己用心，可以隨便在任何場合的時候，都有圓滿重重無盡的意思。現在誰能把我們大家心裡想的綜合起來？雖然我們現在人不多，你說該有好多念頭。我在這裡說的時候，我這腦子隨時在轉，不停的轉，這句話完了想那句話，最後都靜下來，沒有啊，頓歇啊。這個涵義，是在這個境上，你自己隨時都可以有你的入處。

**評曰：論立十種教。總依如來．無三世智海．一剎那際一時頓說。由根不同．差別自生。正是華嚴圓頓教旨。雖別是一家之論。與諸古德所立。大旨無違。今錄其條目于此。以備參考。廣釋如論。**

道霈禪師說，論立十種教，都是依如來、無三世智海建立的。「總依如來，無三世智海。」要加標點，不加標點這話會走了意思，說成「如來無三世智海」，這句話就沒辦法講。如來，無三世的智慧，佛的智慧像海一樣的那麼深，過去、現在、未來都沒有。只剩下「一剎那際」，「一時頓說」。說 部《華嚴經》，什麼時候說的呢？「剎那際」說完了。

有一位老和尚，他早晨到天王殿，先給寺外的天王殿護法神燒炷香；之後，他的侍者托了香盤跟著他走，再到大殿上來，後來再上早殿。方丈要先起來在各個護法殿上一輪的香，這位老和尚一邊燒著香，一邊念一邊走。念久了，這位侍者就問：「師父！師父！你在念什麼啊？」「我念《華嚴經》啊。」「念《華嚴經》啊！你念了好多？」「我念了一部啊。」「《華嚴經》那麼多，我跟你走這麼幾步，從天王到大殿裡，念了一部《華嚴經》啊！」他說：「你不相信啊？」「我當然不相信。」他說：「好啦！我改天證實一下，讓你信。」

隔幾天，這位老和尚就找了八十位老師父，八十位老師父每一人拿一卷，總共八十卷。他說：「你們大家對一下經文，看我念得對不對？」那八十個人就聽。拿第一卷的，聽老和尚念第一卷，拿第二卷的聽第二卷，乃至拿第八十卷的聽老和尚念的就是第八十卷。一卷經他念起來很快，一會兒念完了。他要求那位侍者：「你問他們，我念的是什麼？」這位侍者問拿第一卷的，「老和尚念得對啊，念我第一卷啊！」問那個拿第十卷的，他說：「對啊！老和尚念第十卷啊。」問拿第八十卷的，「老和尚念的是我第八十卷啊！」

大家明白了吧。頓說啊，頓念啊。他聽到是念第一卷，他聽到是念第八十卷啊。這是頓演啦，佛說的法門是頓說。

所以十種的教，總是依著如來的無三世智慧海，「一剎那際一時頓說」。我們怎麼不能夠入啊？你的根不同啊。根不同，就是機不同，「差別自生」。《華嚴經》的圓頓教旨是同一的，但是聞者不同，各各的標奇立異，但是他們大概所立的宗旨不會有大違背的。所以把這些論和經都立出來，做爲大家參考而已。

## 五示圓義分齊

**疏：**已知此經．總屬圓教。未知圓義分齊云何。然此教海宏深．包含無外。色空交映．德用重重。語其橫收．全收五教。乃至人天．總無不包。方顯深廣。其猶百川不攝大海。大海必攝百川。雖攝百川．同一鹹味。故隨一滴．迴異百川。前之四教．不攝于圓。圓必攝四。雖攝于四．圓以貫之。故十善五戒．亦圓教攝。尚非三四。況初二耶。斯則有其所通。無其所局。故此圓教。語廣．明無量乘。語深．唯顯一乘。一乘有二。一同教一乘．同頓同實故。二

**別教一乘。唯圓融具德故。以別該同．皆圓教攝。今明別教一乘。略顯四門。一明所依體事。二攝歸眞實。三彰其無礙。四周偏含容。各有十門．以顯無盡。初中十者。一教義。二理事。三境智。四行位。五因果。六依正。七體用。八人法。九逆順。十應感。**

這一段是指示我們圓義的分齊，說圓教所顯示的道理究竟好大，就是這麼樣一個意思。這是沒分齊的，標題是說分齊。這部經總的說是屬於圓教，圓教的道理是怎麼講的呢？「云何」就是徵啓的意思，圓教到底怎麼講的？如何是它的分齊？如何是它的界限？

這個教義沒得界限的，《華嚴經》眞正的教義，就像海那樣深。絕法界之外，法界之外沒有東西，沒有啦。「色空交映」，就是我們讀《心經》的時候，說空也不可以，說色也不可以，相輔相成的意思。說色的時候就含著空，說空的時候就含著色，空色不二的意思。

德用就是體用，而且重重。重重的意思就是我們經常的念〈普賢行願品〉，

「一塵中有塵數剎」，一微塵裡頭有無數的佛剎。一微塵就是體了，無數的佛剎就是用。此一微塵如是，彼一微塵也如是，每個微塵都如是，這就重重無盡了。

上面我們講的小、始、終、頓，講到圓教了，就把前四教都收了，不圓不能成爲圓。人天、地獄、十法界，都在這個圓裡頭。

清涼國師在這裡舉個例子。就像一切的水流，河、川、湖，不能說海；而海，必攝百川，大海一定要攝受百川。但是百川一入到海裡頭去，就變了。大家如果到過上海吳淞口的，可以看見，黃河的水是黃色的，長江的水是白顏色的，但到海裡頭都變了，味道就是一個鹹味。海跟百川不同，海容納百川，但是只要一滴水就具足整個的大海。就是這個涵義。他舉這個例子就是說，前四教不屬於圓，圓教必攝前四教。就是在圓教裡頭，前四教都總攝在圓裡，就是我們受的三皈、五戒、十善都爲圓教所攝。

一圓一切圓，這個意思怎麼樣圓法呢？我們受三皈依的時候，皈依佛，不論是哪個法師代授，他只是代授。你皈依佛是皈依一切佛，皈依一切佛就包括了毗盧遮那佛、釋迦牟尼佛，所有一切佛，像《萬佛名經》的那些佛都包括了，恆河沙諸佛全都包括了。但是哪一個來攝呢？能攝的是什麼呢？是你的心，要皈依自性佛。這樣你就知道圓的意思了，這叫圓。

現在說五戒，你受持殺、盜、淫、妄、酒戒。五戒就包括二百五十戒，包括菩薩戒，包括一切律儀，都可以攝受，甚至三皈依就攝了一切戒，這就是圓義。不圓的話，三皈依就是三皈依，五戒就是五戒，各個不同，就是這個涵義。

現在講到圓教了，以前所說的，都是屬於圓教所攝受的範圍。像百川之水流入大海，這個水總會歸於大海。

「尚非三、四」，就指的是終、頓說，終教是第三，頓是四。「初二」，就是小、始。無所不通，沒有局限性，這就叫圓教。

文字這樣講，大家可能不會運用於日常生活當中。你要想運用於日常生活當中，得經常的思惟。怎麼樣思惟呢？這個跟圓滑不同。我們說這個人很圓滑，這不是讚美，而是褒貶的意思。圓滑就是不負責任的意思，你跟他說什麼事兒，他都說可以，但是滑到一邊去了；這是圓滑，應付你。這裡所說的圓不是那個意思。圓是表顯的，圓滿的，沒有缺陷的，沒有始終，沒有內外，沒有大小，沒有方圓，這就叫圓，圓攝一切的事。

所以佛教，乃至於佛的教導，說小乘、大乘，乃至無量乘，都是對機說法的。《華嚴經》從它的深意上來講，「唯顯一乘」。這一乘是什麼乘呢？佛乘。乘是運載之義，你讀《華嚴經》，就把你運送到成佛的地方。

但是它也分兩種，一種是同圓，另一種是別圓。同圓，是該攝前面的諸教義，別圓，就不同了，專顯《華嚴經》，這個是別明一乘的。

他又拿四科來分，就是我們經常說的，事法界、理法界、理事無礙法界、事事無礙法界。事事無礙法界，在這一個地方就是周遍含容觀。四法界攝受到三觀。四門就是用四法界分的。四法界就是我們一天所處的，我們一天所做的一切事物，都屬於四法界所攝。

第一，「明所依體事」。在事情上，那是行布了，各是各個事情，這個事情不是那個事情，男的不是女的，老的不是小的，這就不圓了，這叫事，事是不圓的。但是事要是遍於理，理要攝於事，就圓了，所以無男女、沒老小、沒有大小、沒有方圓、沒有長短。但是在事法界不是，所生的事法各個是各個的體。

第二，「攝歸眞實」。眞實是什麼呢？我們以前講《占察善惡業報經》的下半卷就是眞實，眞實就是理，是理法界。《華嚴經》是講四法界，事法界、理法界。

第三，「彰其無礙」。怎麼樣「無礙」呢？事入於理，因爲理無礙故，事也無礙。理攝於事，事即是理，所以理即是事，事即是理，就是事理無礙，理事圓融。圓融的意思，就是用我們的心理去圓於一切事。就像我們修空觀的，等你修空觀修成了，理就成於事了，就「無礙」了。怎麼樣「無礙」呢？這屋子關不住你，門關不住你，你可以分身無量，身體沒有了。當你觀成功了，身體空了、沒有了，就事成於理，事遍於理了。但是佛菩薩加持我們，他的理加持在我們事上，我們就通了，就無障礙了。不然我們爲什麼求加持、求感應啊？我們的感，佛菩薩的應，那也是「無礙」的意思。

感到事事無礙了，所有的事全遍成理了，是什麼情況呢？說個簡單的比喻，一切色法都是空的，即是空，全是理，事事無礙，但是不壞世間相。

第四，「周遍含容」。大致上，圓教總的說是這樣一個意思。但是清涼國師恐怕人家不容易理解，就把它分成十對－「教義、理事、境智、行位、因果、依正、體用、人法、逆順、應感。」以下再一個一個講。這樣才能顯示重重無盡的意思，你要是懂得這個意思了，再讀《華嚴經》，讀〈普賢行願品〉，「一塵中有塵數剎，一一剎有難思佛，一一佛處眾會中。」就是這樣的涵義。一個微塵裡頭，整個就是這個體性。這個微塵裡頭是體，含攝無窮無盡的世界都在這一微塵裡，這個微塵如是，那個微塵也如是，無盡微塵都如是，那就周遍含容了。那個意思，就是最後的那個究竟的了義。

「明所依體事」是這樣子，「攝歸眞實」是第二個。以下三個就分成三觀，華嚴初祖杜順和尙分成三觀－眞空絕相觀、理事無礙觀、周遍含容觀，後頭經文裡都講了，下頭單講。這三觀，後來分爲十玄門、六相。

什麼叫眞空絕相呢？眞空不是虛空的頑空，是眞空。絕相，沒有相。凡是一切有相的都不是空。虛空還有個空相，眞空相跟虛空相是不一樣的。我們用虛空是來顯眞空的意思。虛空沒有障礙，你也帶不走，也留不住。如果我們在這兒，從溫哥華坐飛機到台灣去，台灣的虛空帶不回來，溫哥華的虛空也帶不過去，兩個都是虛空。說無障礙，你可以在空中隨便走，那就是無礙的意思。眞空的涵義就不是這樣子了。這個虛空的空，還是有相的，你通不到地獄，你六欲天都通不到，別說是梵王天；眞空不是這樣子。這個空跟那個空不一樣，所以加個眞空。那叫頑空，是假空，不是眞空，眞空是不立一切相的。

我們自心的本體是空寂的，也沒有能取的取，也沒一個所見的見，無取無見，達到這個境界了，你就是佛了，性空即是佛。我是隨著文字說一說，一部《華嚴經》就講這三觀，眞空絕相觀、理事無礙觀、周遍含容觀。特別是周遍含容觀，這個不是我們的思想能夠想得到的，也不是拿尺來量一量，看它有好大、好寬，不可以的。這裡還有十個涵義，法界觀裡頭會講。

現在我再重覆一下。一者，就是「明所依體事」。二者，就是「攝歸眞實」。三者，「彰其無礙」。不論從「教義、理事、境智、行位、因果、依正、體用、人法、逆順、應感」，都是無礙的。爲什麼我們在禮懺的時候，我們消業障，感諸佛的現身，「感應道交難思議」。爲什麼說難思議呢？你想不到，即使是你現在見到地藏菩薩了，這是你心現的，是你自性的地藏菩薩。你見到阿彌陀佛是自性的彌陀。所以這個就不是講外來的，說性空即是佛；性空了就是佛，跟佛一樣的。所以有時候要事來顯無礙，有時候要理事顯無礙。

這裡頭有十門，後頭會講，這裡先標個題，「理遍於事門」。凡是加個「門」字的時候，「門」者，通達義，可以淨除無障礙。現在我們這個門鎖上了，鎖上了出不去了，進也進不來了。爲什麼呢？你有障礙了。等你到這樣子，就無障礙了。還有，「事遍於理門」、「依理成事門」、「事能顯理門」、「以理奪事門」、「事能隱理門」、「眞理即事門」、「事法即理門」、「眞理非事門」、「事法非理門」。

但是這十門都是緣起的，性空緣起。因爲緣起法沒有自性的，在體性上是無障礙的，所以緣起無性。都是緣起諸法，緣起諸法就無礙。因緣起的，因緣和合就成，因緣別離了就散。你如果看到家裡的成員有人走了，或者離婚了，緣沒有了，緣散了，不必留戀，一切事物都如是。今天看著成的，明天一場風颳的就沒有了，幾秒鐘就會沒有，一切事物都這麼變化。如果你懂得這個道理，緣散了也沒什麼悲哀，緣成了也沒什麼幸福，應當如是觀，你就沒煩惱了。因爲緣起性空故，因爲空故，沒有障礙，一切都無障礙。

但是這裡頭，有時候有成，有時候有壞。「總相、別相、同相、異相、成相、壞相」，後面會講這六相。

現在把前面說的這些標的題目，又重新來說，「明所依體事」、「攝歸眞實」、「彰其無礙」、「周遍含容」，雖然是重複，因爲它重複一道又有一道涵義。前面是只標個名字，完了以後就一個一個講，講的時候都用這個十門來標，就是講前面的「教義」、「理事」。

什麼叫「教義」呢？教者就是能詮。能詮什麼呢？詮前五教—小、始、終、頓、圓，這個是教。就是佛所教導我們的一些話，我們把它分類了，這一類話對著小乘，說苦、集、滅、道；這一類話是對著大乘，說空，一切諸法空的，沒有苦、集、滅、道。在究竟來說，終極了就是成佛，就是終教。但是這個終教的過程有頓成的、有漸成的，所以就又單立一個頓教。對於頓教，前頭的小、始、終就是漸教，有漸次的。最後入於圓教。

能詮的就是佛所說的這些教導。所詮的，這些教導裡頭所說的這些話，所詮的涵義，我們必須一個一個懂得知道，才能依教而明義，就是解。但先有個條件，得信；信了，就學；學教的時候，懂得道理，懂道理就叫解。

再進一步，是「理事」。我們經常說，兩個人爭執，或者有什麼事情，都要講道理。沒得道理，沒得理，都是妄。現在我們要講道理，講什麼道理呢？講成佛，講性的理體。理就是空，有生空，有法空，有兩種空。這二空所顯現的理，理是什麼呢？就是眞如、自性、自心、佛性，都可以。這是顯理，顯這個理。無論是身是心，身是屬於色法，心是屬於理法。我們這個心是支配身的，所以理能成事。身是依著心而動作的，事能顯理。就是這個涵義。

不過我們每天的一些動作，雖然這八識心是妄，但是沒離開眞；要是沒有眞，就沒有妄；沒得妄，又怎麼顯出眞來呢！

一部《華嚴經》就講這些問題，在前面先把大意說一說，等到了經文，你再運用這個意思就容易貫通了，就容易入了，不然你入不進去。例如我們講《大方廣佛華嚴經》，就是這十對，大就是體，方就是相，廣就是用，就是體、相、用。

「境智」，「境」就是一個客觀環境。凡是小、始、終、頓、圓所教導你的對境，這個「境」，什麼都有。像我們一天對著的都是對境，住的房子，山河大地，一切都是「境」；你這個肉體也是「境」，你的肉體、別人的肉體都是「境」。這屬於「境」。誰來觀呢？能觀的是什麼呢？就是心。心是什麼呢？有的是智慧心，有的是妄心。我們現在用的是妄，不是智慧。

要用智慧，智慧分得很多。佛智就是一切種智。我們現在所用的是妄心，因爲沒證得，我們還是用著分別智。像我們這個聞法學習、修行作觀，都是智。看你用到什麼？用到名利上去，就是妄心；用到修道上去，就是智慧。看你怎麼用，用處不同。

我們把磁器塑成佛像，供到那兒，大家就磕頭禮拜了。要是做成馬桶，他就一天到晚聞臭味了。一樣的東西，看你用到什麼用途上。因用而不同，體是一樣的。我們能用它，可以成佛，能夠了生死，能夠沒煩惱，沒障礙，這個就是能觀的智慧。

「境」，就是俗諦，從二諦來說就是俗諦。「智」，就是眞諦。以能觀之智觀世間一切境界相，我們把一切境界相都轉成智慧，就是心能轉境。《楞嚴經》上說：「若能轉物，則同如來。」心能轉境就是佛！我們不是這樣子，我們的心被境轉。一天到晚，這個不如意，那個不如意，都被境轉了。你看一切，都是假的，都如夢幻泡影，這需要用眞智慧來觀。

總的是這樣說，但是分開來說，在小乘，講苦、集、滅、道四諦。苦、集、滅、道是事，諦是理，也是理事表現的。你能觀的就是你這個心，你所觀的就是四諦的境。涅槃是生滅，達到涅槃了是不生滅，生滅跟不生滅互相對峙的，就是生滅與不生滅。

但是他說的無漏，有兩種無漏，一種不落入三界，一種不墮權小，連菩薩都在內了。以清淨無垢的，就是沒有無明垢染的，那叫眞智慧。這分析起來有十智，六通加四智，有十種智。這裡不去詳細講它了。

大乘的始教，也是跟小乘的相通，不過它加了「加行」，加了「根本」。這個加行就是四加行，修加行道位是煖、頂、忍、世第一，這些都是法相名詞。但是其中有「根本智」、「後得智」的分別。「根本智」就是我們所具足的佛性，是根本智慧，一切眾生都具足。「後得智」就是迷了之後，從不覺到始覺到相似覺到分證覺到究竟覺，到了成了佛了，成一切種智了，又恢復了。

終教就不同了，終教要空、假、中，俗諦、眞諦、中諦，三諦，三觀，多加個中觀。要權實無礙等智，權智跟實智，一切智都是無礙的。

頓教，頓教沒有境界相，頓教是無境界的境界，頓入空際，絕相絕一切智。

圓教，是無盡。什麼無盡呢？境無盡，智也無盡。以無盡智來觀無盡境，一切境皆成爲智，叫智境一如。

前面這些都是標題，我隨順的說一說，你可能不理解，後面還會講，還會重複講的。

「行位」，「行」就是修行，你修到什麼位次了，到過什麼位次就有什麼境界相。或者你斷了見思惑了，你就可以出三界了，沒有煩惱了，見一切法都不生煩惱了，心裡所想的都符合了。都符合了什麼呢？這是二乘義，無漏了，不會落入三界。這個叫無漏智，是不落入三界的。但是他的無明、塵沙惑，還沒斷。因此你修行到什麼位就有什麼位的差別，這就是行布。剛才不是講圓融，行布修行完了才圓融，看你是個什麼地位，修行到什麼境界相。你得到什麼位，就證得什麼果。這個果就具足因，因你得到那個位，因你那樣來修行就得到這個果，這個果又變成因，又起修，果又是因，因又證果，到了佛果才是究竟的。

「因果」，「因」跟「果」通不通呢？不通。這個是講小乘教義的，不過是圓教，他要把這過程都說一說。「煖、頂、忍、世第一、五停心、別相念、總相念」，那叫七方便。以須陀洹為果，須陀洹就是證得初果了，他還要流轉人天七番。他舉例說明，這是小教的，這是始教的，乃至於終教的，每個位置都不同，一直到了成佛等覺以下，妙覺為果，他是這樣講因果的。

本經上講五十三個因、五十三個果，就是參一個地位，證得了，證得了又向前參，前面的果又變成因了，又證到後頭的果，這叫「因果」。總的說來這都叫因，妙覺以前全叫因，到了妙果才為果。

「依正」，就是依、正二報。依報是國土，就像我們住的房子，所處的世界，所住的土地上。正報就是我們的身體，就是佛國，就是佛身。

「體用」，要講佛的體用，佛的體是什麼呢？體是法身—毗盧遮那佛、盧舍那佛。用是什麼呢？用是應化身，釋迦牟尼佛、大釋迦牟尼佛、小釋迦牟尼佛。

只有在《梵網經》上說，盧舍那佛的蓮華座是一千葉，因爲盧舍那佛化身、應身，一個蓮華葉上一個釋迦牟尼佛，是大釋迦，是千葉蓮華大釋迦。一個蓮華裡頭含藏著百億的國土，這一百億國土，一國一釋迦。就像我們這個娑婆世界似的，就像南贍部洲的釋迦牟尼佛，這是化身，這丈六金身是化身。人家問你，佛的四身是什麼？密宗都講佛四身，四身就是法、報、應、化四身。這就是體和用。

「人法」，「人」就是覺，「法」就是菩提。「人」是有覺悟的，這個覺是指著佛說的。「法」是菩提。

「逆順」，這裏舉《華嚴經》的「逆順」，婆須蜜女示現妓女，善財童子參她。大家從這個道理就懂得了密宗的雙身法了，不是像新聞報紙登的那樣子，那是污衊佛教的。善財童子去參婆須蜜女的時候，街上的人就說：「這是一個童子啊，很有道德很威嚴，他怎麼上妓女院去找妓女啊！」婆須蜜女是妓女，但是這個妓女跟別的妓女不同。她沒有男女相，她要你不要執著。

其次是無厭足王，無厭足王殺人無厭，所以叫無厭足。他那兒掛著人頭、人腦殼，所以善財童子一進去就嚇壞了。護法就跟他說，這是示現的假相。他就明白了，他參無厭足王，這就是現逆境。

還有大家都知道的提婆達多，也是逆境。提婆達多就是現逆境害佛，搬石頭打師父，把佛的腳打出血，出佛身血。違背佛的教導的叫逆境，示現逆法。

所以，你看見和尚破戒，不要謗毀，不論他是幹什麼的。像道濟禪師，他確實是吃肉、喝酒，也不做佛事，盡做世間在家事，他是行菩薩道的，這叫示現逆行的。不只《華嚴經》才有逆境。

「感應」，「應」是佛菩薩，「感」是我們，應我們所求所感。這是說當機的眾生求佛菩薩加持。但是這個不同，看你感的大小。在小、始、終、頓、圓各教都有感的不同。到了圓教，他的感是怎麼感呢？他不是向外求，而是求得自心，是觀想自心。頓教，這到終教觀身都是空的，他跟諸佛菩薩都是一體的，他是這樣觀的，是自心感自心應。這就深了。

在一微塵裡頭就具足這十對。在分別的時候，《華嚴經》是包羅萬象的，把整個的佛教都說了，你從《華嚴經》裡都找到答案了，你到別的經去找《華嚴經》是找不到的，只有在《華嚴經》裡任何經典的答案都有，這是爲什麼它的分量這麼重。

這只是明體、明事。什麼是體？什麼是事？這就是事。「理事、境智、行位、因果、依正、人法、逆順、應感」，這都是事。把這些事「攝歸眞實」，用什麼來攝呢？用眞空來攝，用眞空絕相觀。就是我們的本體、佛體，人人都具足的，「心、佛與眾生，是三無差別。」

**疏：** 第二攝歸眞實者。即眞空絕相。經云。法性本空寂。無取亦無見。性空即是佛。不可得思量。亦有十義如法界觀。第三彰其無礙。然上十對・皆悉無礙。今且約事理・以顯無礙。亦有十門。一理遍於事門。二事遍於理門。三依理成事門。四事能顯理門。五以理奪事門。六事能隱理門。七眞理即事門。八事法即理門。九眞理非事門。十事法非理門。上之十事。同一緣起。故云無礙。約理望事。有成有壞。有即有離。事望于理。有顯有隱。有一有異。逆順自在。無障無礙。同時頓起。深思。令觀明現。以成理事圓融無礙觀也。

「法性本空寂，無取亦無見。」這是把前面的說法都駁斥了，法性本來是空寂的。沒有能取的智，也沒有所取的境，所以無取無見。明白性空了就是佛，佛就是覺。覺是什麼呢？覺是明。明是什麼呢？明是性。達到性體即空了，這是離於言語，離於思量，說不出來，這個空是什麼樣子說不出來，就是不可說不可說不可說。

在法界觀，華嚴初祖杜順和尚自立一個法界觀，法界觀裡有眞空絕相觀、事理無礙觀、周遍含容觀。每一觀裡都有十門，十門都相通的。其中，泯絕無寄觀在《心經》上沒有。攝歸眞實的「色不異空，空不異色。」那是會色歸空觀；「色即是空，空即是色。」就是明色即空觀；色空無礙觀，沒有了，這是《華嚴經》的；泯絕無寄觀，這是究竟的。每個都有四句。在加上前面兩個，後面一觀一定攝前面兩觀，這就是十句了。

以上所說的，眞實的，都是無礙的；所有前面說過的，都是無礙的，「彰其無礙」。爲什麼呢？事都歸理了，眞空無礙。因爲絕相了，才能感到事理無礙。事就是境，理就是空。這裡是懸談，到經文不是這樣說，經文要是這樣說了，大家沒法入了。

我們舉〈淨行品〉爲例。智首菩薩問文殊師利菩薩說：「要想得到這個眞空無礙觀、理事無礙觀、周遍含容觀，我應當怎麼做啊？」他問的是一百一十種，智首菩薩問得多了，文殊菩薩就簡略了，舉這幾個觀就可以了。文殊菩薩告訴他四個字「善用其心」。把你的心用到無礙上，一切都無礙，那就是文殊的根本智；後得智跟根本智成爲一智了，才能無礙。

現在，他也是「彰其無礙」，就把這「十對」顯無礙。約事理以顯無礙，亦有十門，《華嚴經》都用十顯。現在講這些，都有單行本，一本一本的。杜順和尙做三觀，單行一本。賢首國師著〈五教儀〉，也是一本，有關事理十門的問題，有一本書專門加以說明。

第一個是「理遍於事」，就是空遍於事。事是有分限、有界限的，有人、有畜生，人不是畜生，畜生也不是人，這就有界限、有分限了，事上有這種不同吧。理上沒有，畜生的體，人的體，跟諸佛的體是一樣的，平等平等的。不過遍入的時候，有全入，有半入，有微入，有這些差別。整個的理體全遍於有限的事，就是一微塵、一一纖塵，理遍它，它就全部圓滿具足，理遍故，理事都具足的。若理不全遍，事上就有分寸了。

所以我們在理上不明理，只明到一點點，那叫小乘；明白一點點，只斷見思煩惱。到權乘菩薩，三賢位的菩薩，分段的相似見理，還沒有證得理，也是一分，就不是全遍了。非得登地的菩薩，到了佛的果位，理全遍於事，事就全是理了，所以佛智能照一切。

如果理全遍於這一微塵，這一微塵就是一眞法界，一眞法界就包括一切事物。這一微塵如是，各個微塵都如是。理遍於這個事，也遍於那個事，普遍含容。這個理就不可分了，就全攝了。

是不是像文殊師利菩薩加被眾生，遍到眾生，文殊師利菩薩的智慧就都沒有了，都到這個眾生？不是這樣子，對這個眾生如是，對那個眾生也如是。大家讀《地藏經》，地藏菩薩化的無窮無盡身，你有千百萬億的願、千百萬億事，同一時間，同一個時辰，他都應了。

大家也都讀過《無量壽經》，阿彌陀佛在極樂世界早上一起來，還沒吃早飯，就已經到十萬億佛土去供養十萬億佛了，才回來極樂世界吃早飯。原來他沒動，他並不是要跑十萬億佛國土，他跑得過啊？我們說生極樂世界，根本就沒有離開這個世界。你從極樂世界來到這個世界，也沒有來啊！觀世音菩薩在極樂世界裡說：「我到娑婆世界度眾生。」觀世音菩薩從來沒有離開極樂世界。文殊師利菩薩在不動世界裡，在金色世界，他也沒動還在金色世界，這個道理就不容易深入懂了。

我們可以用我們的心，如果你坐這兒一作意，一念之間，舊金山、紐約、洛杉磯、北京、台灣，全在思想裡頭了，這就是攝意。你好像一作意就去了，到這裡去旅遊，到那裡去旅遊，同一個時間全部都旅遊完了。現在我們還是妄心，等到你眞的達到了，確實能夠普遍的去。這只是妄想去，心裡去，身體還沒去。等你證得的時候，不但心裡去，身體也到了，你一作意就到了，你作意到哪兒就到哪兒。這叫「理遍於事」。爲什麼我們現在不能遍呢？因爲有障礙，沒有空故，沒證得眞空理，理就不能遍於事。

用事來顯理，能不能顯理呢？當你理大的時候，讀大乘經典的時候，你心裡頭是明亮的。不是你心裡明亮，是經本上告訴你，佛的教導是很明亮的，你把經本一闔上，就又糊塗了，又不亮了。像我們電燈開才亮，現在把這電燈一關，你什麼都看不見了。有沒有能看見的呢？從唐朝到現在，好多老和尚，他自己晚上念經的時候，就這樣念念念，他眼睛就放光，他自己並不知道天黑；他念念念，天黑了還照樣念，問他看見嗎？他看得見啊！你別說，要是一說，他又看不見了，什麼也看不見。就是這樣子。我們好多出家人，都有過這種境相，但都是短暫的，一下子就沒有了，他不是證得的，那是一時相應。那時候，他忘了能念的我，沒有心，沒有意識，也沒有經本了，他合一了，什麼都不知道，混爲一體，光明就現了。

我們任何人都有相應的時候，就是我們念經讀誦大乘經典，誰都有這種境界。像你這部經念了兩個鐘頭，相當歡喜，不知道兩個鐘頭，很快就過去了。有的時候，這兩個鐘頭，腿子也痛，眼睛也發花，什麼毛病都來了；兩個鐘頭就長了，你感覺很長，那就不相應，一邊念經一邊打妄想。我們拜占察懺，是半個小時，有時你會感覺到時間很長，好像磕不完的頭；有的時候又感覺很短。

爲什麼呢？就是你的心裡頭集中和不集中的關係，這也就是事理遍不遍的關係。

爲什麼在《楞嚴經》裡頭講於一毛端現寶王刹，坐微塵裡轉大法輪，爲什麼會這樣？因爲它遍了，理遍就是理法界了。因爲事情另外沒有體，它是依理而起的，只有一個體；體證實了，所以它才這樣子。要是不如理就不行了，要是如理了，就互相遍了。但是，這個是超過情執的，我們現在是情執，我們用的心都是情。我們經常說：「你這個人太感情用事了！」我聽到這話，就在旁邊笑了，我說：「你不感情用事啊？」這個世界上，我還沒看見一個不感情用事的人，不感情用事就不是人，他到另外的法界去了，佛法界了，起碼也是阿羅漢的法界。我們都是感情用事，連我們現在學，也是用感情來學。

因此明白事與理的關係，事跟理是一呢？是異呢？說一，事本來就是事，理是理，兩個不相同，不是一。事即是事，理即是理，諸佛怎麼能得道呢？說異也不可以。事和理，就是看當時事情發生的時候合理不合理。在諸佛菩薩，平等平等的，事即是理，理即是事。理又遍於事，理即是事；事屬於理，事即是理。所以一個小微塵、一滴水，都能現大境界，就是這個原因。說一不可以，說異也不可以。

如果「理遍於事」的時候，是不是壞事了呢？事不壞，原封沒動；「事遍於理」，事原封沒動。我小的時候看跳神的，鬼附他體了，那人卻什麼都不知道。我後來到拉薩，看見達賴喇嘛的涅沖護法神，他人很胖，平常走路都發喘，等那神一降他體的時候，他能跳舞跳兩、三個鐘頭。他平常一滴酒都不喝，神要是來了，一降體的時候，他能喝四、五壺酒。「理遍於事」了。或是他戴的那個金盔，兩、三百兩黃金打的，兩個人幫他戴在腦殼上、拴在脖子上，他就戴著那個金盔、穿上盔甲，能跳兩、三個鐘頭。等那神要走的時候，旁邊的人得趕快把金盔拿下來，要是慢一點，他就勒死了，氣都出不來了。我看了，覺得很奇怪，平常他走路都要兩個人扶著，等到神一降體了，跳太極，上山，走了好遠的路，還在那邊跳，也沒事啊，這不是他了，好比被鬼神迷了，這個情況叫理遍了，鬼神就當理的意思，感應到他的身上。

當他心裡頭靈明了，這房子鎖著也關不住他，證得無能所。我經常舉〈影塵回憶錄〉裡面的例子加以說明。也就是在佛學院給我們教課的董老師，他在屋裡念佛，把門從裏面鎖上，在他屋裡念佛，圖靜，念一念，他就出去了，到我們大殿上去了。我們同學跟他說：「董老師啊！我們正上殿，你回去吧，你到這兒來幹什麼？」他一愣：「我念佛怎麼念到這兒來了？」他回也回不去了，因爲門從裡頭鎖著，鑰匙還在屋裡。有的學生跟他開玩笑：「董老師！你再出來吧！」不行了，不靈了。當他一作意，把身心都忘了，沒有了，就自如了。這就是「理遍於事」，但這只是一時相應。要是證得了，就永遠相應。

爲什麼那些大菩薩有神通？「神」，就是我們自然的這個心，就是我們的心；「通」，就是慧性，通是無障礙的。心本來是通的，是沒障礙的，是有神通的。但是被這個妄、被這個境，執著、煩惱，就不通了，神通就沒有了。當你心裡煩惱一去了，理跟事一結合了，就通了，也不受這個肉體的障礙了，這叫「依理成事」，應當這樣想這個道理。

舉個例子說，大海一有風，起了波浪，你看不見海的本來面目，都是波；風靜了，波沒有了，又是海了。波跟海無二，不是兩個。這個涵義，可以從這個道理去想一想。

但是這些道理在我們日常生活當中，遇過好多次。當他的心全神貫注於一境，忘了當前的境界相，他什麼都不知道了。東北有一位不信佛的女人，那時候她還纏足，從山東去的，她平常提十斤水都提不動，那天一大半缸水，準備泡澡的。她一個一歲多的小孩子，掉到水桶裡去了，她一著急，就把這個桶子端著到外頭把水倒了。當時大家就看著，很奇怪了，那一桶水差不多有七、八十斤，她爲什麼能夠拿得動呢？把水倒了，那空桶她就拿不回來了；空桶拿不回來，可是一桶水她能拿出去。當時她心裡頭就沒感覺到「我拿不動！」，感到這一桶水沒有相了，無相了，心就轉境了。

大家知道羅什法師，他到一個寺廟裡頭看到人家供的鐵缽，他就拿起來，往腦殼上一頂，他就頂起來了。第一念：「哎喲！這個鐵缽這麼重、這麼大，我怎麼頂得起。」一下就把他壓到底下去了，他再頂不起來了。心生種種法生，我們人都有這樣契合的時候。

但是，理從什麼地方顯呢？得靠事來顯。沒有語言，沒有文字，我們又怎麼知道呢？若不立語言，不立文字，言語道斷，心行處滅，也不要想，也不要說，那麼都入不到。這叫以言遣言，用這個語言，完了以後，你懂得這個道理，遣掉這個言語。

這種道理就是理跟事、事跟理，反反覆覆的。有時候理彰了，「理能奪事」。理奪事，事全是理了。就像我剛才說的，那就是理奪事，現境完全變化了，他得了一心；若是臨終時生極樂世界絕對能生，因爲他絕對能去，一沒障礙，極樂世界就在眼前。理跟事的意思就是這樣解的。有時候事顯奪理，我們讓事把理奪了，我們全部在事上，在境界事上執著，理，我們根本不知道，入不進去了。

有時候理隱、事顯，有時候事隱、理顯，這個道理都是一樣的。這個道理我反反覆覆想，所以眞理即事，謂凡事的眞理必非事外，因爲理不在事外，沒事不能顯理，事離開理也不能成立，事必須理成。這個道理我們不太理解。一切都是依著一眞法界的，不管你承認也好，不承認也好，理解也好，不理解也好，它是必然如是的。我們的心就是自然的心，叫天心，有時候佛指的「天」是自然義。

理跟事，反反覆覆就是說著理即是事、事即是理。這十門都是「事即理」、

「理即事」、「事即理」、「理即事」。你懂得這個道理，不論它怎麼變化，說來說去就是這麼回事。就是你悟得了，明白理了，理就把事情轉化了；或者奪了事了，就把眞心顯出來了。

我們的眞心，不論你學習佛法也好，沒學也好，它有時候會顯現的，但你不知道。說我們的妄想，妄想就是眞實的，眞實就在妄想裡頭，離開妄想哪有眞的，眞也沒有了。雖然我們說要斷除妄想，並不是斷，而是轉妄成眞，轉識成智，斷了就什麼都沒有了。有時候比喻，說如手掌、手背，就是一隻手而已，不過功能不同。

第九是「眞理非事」。眞理不是事，事又由哪裡來的呢？事依著什麼起的？事依著緣起的。緣起又依著什麼起的呢？性空。所以「眞理非事」，謂即妄之眞，異於妄故。眞異於妄，說眞理非事，就這麼一個涵義。

如濕非動。濕不是流動的，濕不是水。有濕氣，濕不是水，水是流動性，濕不是流動性。但是濕是不是水呢？這個道理，你要是參一參就知道了。

「事法非理」。即眞之妄，妄由眞起。因爲依眞起的，而它不是眞了。如我們迷了自性，依眞而起妄。說是我們不覺了，不覺了你並沒有失掉，只是不同而已。

你說你是男的還是女的，昨天我跟人家開玩笑：「說不定在前生，妳是先生，他是太太；今生嘛，妳是太太，他是先生。」這會隨時變化，是假相。不過現在也證實了，有些男的化粧成女的，女的又化粧成男的，這種社會現相很多，究竟是男的、是女的？有時候把動物變成人，人又變成動物。爲什麼呢？同一體故，可以轉化。不同一體，無論如何，你轉化不了。火就變不成水，水也絕對變不成火，這是不同體的。像人，男、女，這是相不同而已。水、火不同，那就不同。

所以這段文字，看起來不太好懂，要是懂得這個道理就行了。他只是解釋一個眞理跟事，就是心和境，心生了種種法生，心生境有，心不生境沒有。起碼說對你沒有，因爲你不知道那個環境，也不知道那些事，對你有像沒有一樣，對你沒作用。

像監獄，對你沒作用，你不犯法，沒有那個業，你想去也去不了，地獄也如是。要是懂得性空緣起、緣起性空，理事無礙、事事無礙，這個道理懂了，佛教不論說什麼，反過來，覆過去，只是文字上繞圈圈，道理就這麼一個，就是心跟境。

我們所遇到一切外邊的環境，那是客觀現實。但是有的人在這個境的面前，沒辦法過得去，他就過不去，因爲很苦。有的人，處之泰然，不感覺有苦。不感有苦怎麼樣呢？你就自在。感覺苦，你就活不出來。

我們有好多的病，好多的煩惱，假使你看破一點、看開一點，放下了，放下你就自在了，那些煩惱對你沒妨礙。我們在這兒，過優裕生活，不論在美國、在加拿大過的都是天人的生活；你到邊疆，看見那些農民的生活，你可活不下去。如果他抓回來的牛糞，用它燒火，給你煮麵疙瘩，我看你絕對吃不下去，你看了可能會噁心，他就是那樣生活，習慣了。少數民族喝的奶茶，你看裡頭盡是羊毛，挑都挑不完，你喝下去也沒事，但你看見了就沒辦法喝。

以前在拉薩，全西藏就一個廁所，所謂一個廁所？就是沒有廁所，任何地方都可以解便。一早起來，大家圍著解大便。你看著，你活不了了，都是糞啊。

他們就是那樣生活習慣了。現在，都改了，不是那樣子了。

事跟理，都是我們的心理作用。煩惱、清淨跟污染，都是人爲的。這個道理大家會明白的，現在很多事都是這樣子。要知道緣起性空，這是佛教最基本的一個道理。凡是一切法都是因緣合成的，它就現前了，現前沒有實體的。如果分散了，這個物件就不存在。當體就知道它是緣成的，沒實性。

例如這張桌子，這張桌子的性是什麼啊？說是木頭，它不是木頭，是桌子。什麼是桌子的體啊？它只有用途，沒有個體。緣沒有了，它就消失了，桌子是可壞的東西。類似這類的故事，你多想就懂得這個道理了。

西藏的人講究辯論，人人都懂得唯物辯證論的道理，都知道緣起，連老太婆都知道。她們一天到晚念「嗡嘛呢叭彌吽」，還念得有點智慧。你看她穿得很破，吃得很苦，智慧還是不小的。

有一位西藏的格西，（所謂格西就是學者，在寺廟住上二十年，畢業之後就是格西，格西取得的學位，就像我們取得的博士學位。）他到西藏各地去，想借宿，老百姓都不借給他，因爲習氣太壞了。他走得很晚了，在一個帳篷前，就向人家借宿一下。老婆婆，就摸著身上長的蝨子，叫他小孫子，說把牠送到一個不死的地方去。這話本來沒什麼，這是送牠出去，到一個不死的地方。這位格西在那邊聽見了，他說：「老婆婆！妳叫你小孫子把我送去好了，我正想找個不死的地方。」老婆婆就沒法答覆他。

類似這些例子，就是事跟理的關係。她說的本來是事，會的人就成理了。事實上沒有個不死的地方，哪有不死的地方，生滅世界有不死的地方？你懂得這個道理，就知道性空無礙，性空就是理，境就是事。「依理成事」也好，「以理奪事」也好，「事能顯理」也好，懂得這種道理了，這段文字，上來的十事，同一緣起，故云「無礙」。

怎麼樣才無障無礙呢？你心空了就無礙，要是有東西都是障礙。什麼東西都沒有，連心也沒有了，所以是無心道人，無心就是道。這裡要深思啊。

**疏：第四周遍含容。即事事無礙。且依古德。顯十玄門。於中文二。先正辨玄門。二明其所以。今初。一同時具足相應門。二廣狹自在無礙門。**

**一多相容不同門。四諸法相即自在門。五祕密隱顯俱成門。六微細相容安立門。七因陀羅網境界門。八託事顯法生解門。九十世隔法異成門。十主伴圓明具德門。此上十門．同一緣起。無礙圓融。隨舉一門．即具一切。**

我們現在講圓融。凡是事理無礙的，理遍於事的，就是圓融無礙。在事上，在境上，各個不同；在理上，是圓融無礙的。最圓融無礙是什麼呢？「周遍含容」。要觀想「周遍含容」，怎麼觀呢？你要事事無礙，隨拈一法，體具法界。隨拈這一法，說法界大家不大清楚，拈這一法，這一法就是佛，隨拈哪一法，哪一法都是佛，那就是法界。說這個眾生，這個眾生也是佛。一切處的毗盧遮那佛，也就是一切處的一眞法界，就是這個涵義。

周遍含容觀就顯玄門，先分辨什麼是玄門，爲什麼這樣玄？它之所以玄的道理在什麼地方？

以下有十門，我們先講第一個，「同時具足相應門」。這十門把前頭所講的道理都概括了，你把這十門懂了，再把六相懂了，一部《華嚴經》就都懂了。

「同時具足相應門」。清涼國師在這裡舉個例子，如海一滴，就像大海水的一滴海水，把所有海外的山川、湖、河、江都具足了，都流到海裡去，是不是變成一個鹹味。所以「同時具足」。「同時」的意思，一念間，就是「一刹那際」，這個「時」不是很長的時候，一刹那際具足。具足什麼呢？你發心成道、修行成佛、度眾生，一念具足了。這個道理很深，很深啊。

所以《華嚴經》經文說：「一切法門無盡海，同會一法道場中，華藏世界所有塵，一一塵中見法界。一塵即爾，法法皆然。」就是這樣的「同時具足」。

「一切法門無盡海」，一切法門就是佛所說的一切教法，就像海那樣子似的。海是什麼樣呢？前面說，一味具足百川，隨拈一法，乃至於說苦，一切法都苦。苦是相，境是苦，性不苦，苦不苦。不但不苦，苦即是樂。這麼一翻身，你就不知道了。這是就理上講，這就是理奪事，事不存在的，苦是個假相。

我們認爲這個世界是苦嗎？佛經上說，在天人看我們這個世界是苦的，人間是苦的、髒的不得了，他絕對不來。我們看見畜生是苦的，看見螞蟻是苦的，我們絕不當螞蟻去，這是肯定的。這是你肉眼看的，智慧眼看的就不是這樣子。

法門無盡，像海似的。所以你要學啊，要修行啊，你一生、無量劫也學不完，應當怎麼辦呢？就在一個法會、一部經裡頭就具足了，你磕這一個頭已經都具足了，「同會一法道場中」。雖然是無盡法門，《華嚴經》是同時說的，說七處九會，不是這兒說完到那兒去說，那兒說完又到另一處去說，而是同時具說，而且一時就說完了。現在還在說，一時就具足無窮無盡時了。所以引伸說、收攝說，引伸說，就無盡劫；收攝說，是剎那際。無盡劫就是「剎那際」，「剎那際」就是無量劫，卷舒自在。這種道理如果你觀想懂了，這個世界非常渺小，整個華藏世界都很渺小，你心裡毫無障礙，還有什麼人我是非啊？都沒有了。你要是修不成這個觀，像這樣作意，一念修，一念就是盧舍那佛，就是毗盧遮那佛；念念修，就念念是。這是觀想，這是心力。

但是這個是大容小，小容大就不容易。小容大就是一個微塵容世界，但是這個微塵也別把它看小，華藏世界也別把它看大。相對的，同是一個性體，性體沒有大、沒有小，大小是相對待的，是比喻而言。《大方廣佛華嚴經》，「大」是沒有相對的大，是絕對的大。「大」是什麼呢？體。什麼是體呢？法性。什麼是法性呢？你的現前一念心。這個就不容易相信了。說毗盧遮那佛是我現前一念心，不錯的，一切諸佛都是你現前一念心，乃至十方法界也就是你現前一念心。所以，一微塵就變成一真法界。你念念，就是念念法界。

這樣才能「周遍含容」。小容大，因爲小容大，沒有大，也沒有小，大小是相對的，這就是絕對、絕待。凡是相對法，都是比較而言的。「大」沒有定體，什麼叫「大」？沒有大的定體。「小」也沒有定體，什麼叫「小」？你的眼睛看，他小了；他的眼睛看，他大了。這個不同的。得要多多的思考這個問題，從語言上，你沒辦法進入；等你自己想的時候，你就能進入了。

溫哥華大不大？比你的人大吧！你這邊一想，溫哥華在你一念當中。你把台北也攝受了，就在你一念當中。看慣地球儀，這一作意，地球儀就在你念裡頭，是你的念把地球儀包了，但是你的人還在地球裡頭。這個微妙的不可思議的地方，你就要觀想，要修觀了。

和尚並不是光說空，光說玄天玄地的，不是這樣子。他是把思想境界擴大了，什麼都融化了，他不是害了癡癲症，什麼都不知道了，而也不是精神病患者，是他的意念已經作意到那裡去了。這個道理，你經常得做如是觀。你不如是觀，你不容易開悟。要如是觀了，禪宗的開悟，只是頓，這個圓不是那個意思。大家學到圓教了，跟禪宗開悟的情況完全不一樣了，要觀「周遍含容」。到你這兒來，什麼是非、人我，什麼大小、長短、方圓，一切沒有了。

《楞嚴經》的偈頌指出：「有漏微塵國，如海一漚發。」所有世界所有的國土、所有的山川大地，像海裡冒個水泡一樣。這個水泡就是一法界，山川大地就在水泡裡頭呢。你不懂這個道理，你就這樣思惟：整個地球，你想到哪兒都在心裡頭。你心裡也沒大，地球也沒小。好好想想！

不過這個道理，說起來好像容易，好像可以從語言上明白，可是心裡頭眞正承認，並不容易。那天我希望大家信你自己就是毗盧遮那佛，我連續重複四遍，大家恐怕還是不信，「我哪能是佛呢？我連觀世音菩薩位置也沒有，我連阿羅漢也不夠，我天天煩煩惱惱的。」煩惱是一回事，你本身的性體就是毗盧遮那佛。「心、佛與眾生，是三無差別。」這個承認了，就有信心了；有了這個信心，大心凡夫就能承受《華嚴經》的境界，這才是圓教大心的眾生。

那個心，你這麼一作意，把十方法界、諸佛法界都包括在你一念當中。你雖然沒到，你想極樂世界，想東方藥師如來，從東到西，就是在你一念間而已，你可以作意這麼想。當你正在想得入神的時候，一刀把你腦殼砍一下了，好，入法界了；也沒砍到你腦殼，你腦殼還在上頭，你相信不相信啊？

過去有一位祖師說：「將頭臨白刃，一似斬春風。」並沒有砍到他腦殼，砍了多少刀，完了他還在那兒坐著。你說奇怪嗎？一點也不奇怪，這就是華嚴義，空的啦，砍什麼！但是現在我們沒有成就，打你耳光，你都感覺很痛。完全不一樣，成就了就是這樣境界，還分什麼東方、西方、南方、北方，方無定方，是眾生的執著。

昨天我們這兒還是十點鐘的，今天就變成九點鐘了，撥回來了嘛。明天我們再撥兩個鐘頭，可以吧？可以啊！就變成十二點鐘；下個命令，大家都這麼做，就是十二點鐘了。隨便改的，時無定體。我們這個時候是九點鐘，台灣的時間就是下午一點鐘。哪有一定，還不是在你的作意當中。好多的事兒你可以這樣想啦。我們這一想，月亮就在你心中。太空飛船要飛好長時間還飛不到，飛到也落不下去。現在也到不了太陽嘛，我們一作意，太陽就在我們心中了，心中的太陽。

要這樣信，要承認。承認了，你能得到無限的受用，你睡覺作夢，這個境界眞是海闊天空，你做著這個夢。你腦筋想著你作夢了，你會有很多世界，幾百年前的事，你會夢到現在來了，你相信嗎？我可以作證，從元朝的時候夢到現代，你幹什麼幹什麼，你可以作夢；但是醒了，是夢啊。大家都知道夢不是眞的，是假的，但它裡頭含著有眞的意思，活著的我們不是作夢嗎？你相信這是眞的嗎？都是作夢啊。但是，夢得「周遍含容」，這夢不容易了；連夢都變了，再夢不到這個夢了。從來沒這樣想過，要不是佛說《華嚴經》，這個道理我們絕對不會知道的。

我們講「同時具足相應門」。「同時」在這一念之間。「具足」，就是把前面所講的，眞空絕相觀、理事無礙觀，十門，都在一個時間、一念之間具足了。這是很不可思議的，怎麼能達到？

第一門「同時具足相應門」，就像大海似的，能具足百川。具足百川的意思，就是百川都流入大海之中，而它只有一個鹹味。我們可以用我們的心念，究竟我們的心念具足好多？我們只是對境生心，對我們了解的、熟悉的，你能知道；對你不熟悉的，沒有聽過的，我們沒有印象的，連個概念都沒有的，但是還是具足的，你是怎麼知道呢？這就屬於理了。

例如我們前面所講的「理事、境智、因果、行位」等十對，在「因果」部份我們講七方便。七方便，雖然是剛入佛門，你必須得懂得的，我們大家有的還是不大懂，或者是自己恐怕還沒有做到。我現在把它補充一下。

圓是圓什麼呢？就是把以前的方便，都用我們現前的一念心，用我們現在的觀念，把它圓滿了。如果我們各位道友，不論男性、女性，各人有各人的事業，一天的活動中，每個人都用了好多心念。現在我們有這兒七、八十個人，每一個人的心念合起來就有好多心念，但我們一念具足，又是「同時具足」。因爲心的活動有兩種，一種是對外的境界，就是你所做的一切事，這就是境；另一種是你思想一切的活動，心裡的活動就是心。這就是「境智」，這裡頭含了無量的「因果」。

我們講起來，好像是小教的意思。我們現在講圓教，《華嚴經》是圓到極至了。我們回頭看在見道之前、沒斷見惑的時候，那個境界相是什麼樣？

我現在再重複一下。七方便，是七種使你很快成道的。但是每一個部份必須得修，要用你的心念觀想。如果學佛久的人，可能都知道了，他都修過了。修過了也許忘記了，也許修過了沒修成，所以我補充談一下。五停心觀、別相念諸觀、總相念諸觀，這三個叫三賢。不是住、行、向，不是《華嚴經》的三賢位。而是沒到聖人、沒證初果之前，所修的法、所修的位置。

五停心，就是你心要住在上頭，就是要思惟、觀想。什麼叫五停心？第一個，觀想身都是不淨的。就我們人來說，從母親懷你的時候，這生藏之下、熟藏之上，就是不淨，種子不淨。生下來，大小便溺，眼有眼屎，耳有耳屎，鼻有鼻涕，口裡頭痰沫，沒有一樣是乾淨的。你要這樣觀想，這叫不淨觀。

第二個，要修慈悲觀。這個慈悲，不是講大慈大悲，還沒到那個程度。就是給人家快樂，不要佔人家的便宜，拔除別人痛苦，幫別人解決問題。

第三個是因緣觀。因緣觀，就是十二因緣：無明緣行，行緣名色，名色緣六入，六入緣處，處緣受，受緣有，有緣愛，愛別離苦。

第四個是界分別觀，眼、耳、鼻、舌、身、意，入於色、聲、香、味、觸、法，這叫六界。這個分別的各有各的界限不同，我們把這些都能把它圓了。

第五個是數息觀。我們講《十輪經》的時候講過數息觀，說你怎麼樣入定呢？你先數數。數息觀，調你的呼吸，數數調呼吸，調一調你漸漸入定了。

這都是初步的，最初學佛都要學，這叫五停心。

別念處，觀這個肉體，就是我們現在這個肉體，觀身不淨。這個和前頭五停心觀相通的。凡是你能領納的，凡是接觸的，凡是受的都是苦，觀受是苦。我們的妄想雜念特別多，是無常的，無常而相續不斷。如果睡覺的時候不作夢，應該不是沒有妄想了，你還是在作夢，妄想還是在妄想，妄想是不停的。若有一念停妄想的，就住於眞常了，返聞歸眞了；什麼時候沒妄想，沒有顛倒想了，你什麼時候就歸眞了。

生生世世無量劫來，我們這個塵念從來沒停止過。現在我們講《華嚴經》，不是停止，而是圓融了，無礙了。這樣觀，就達到圓融義了。

觀一切法，一切法就是一切境，凡所遇的境都是我們心所緣的。無我，沒有主宰義，做不了主，「我」是主宰義，哪個是我？例如我們觀我們這個身體，我們每個人認爲這個身體是我、這個身體不是我，平常你的觀念之中，雖然認爲這個身體是我，只是我的一部份而已。我的手、我的腳，我的眼睛，我的耳朵，「我的」，「我的」不是「我」，是屬於我的，但它不是我。每個人都是這樣承認的，沒說「我眼」、「我耳」，沒有這樣說話的，都加個介詞，介詞的意思就含著它不是我，跟「我的衣服」、「我的鐘錶」、「我的房子」一樣的，是物質性的。你這樣來修習觀一切法無我，這就是別念處。

總念處呢？凡是一切有漏之法，有生滅的法，都是苦、空、無常、無我的，這叫總觀，這叫總念處。把這個觀觀得有點煖氣了，有了功力了，這就要進入第四個，叫煖位。觀得漸漸能入定了，就到了頂點了，叫頂位。之後自己能夠認可了，自己能夠知道自己功力到了什麼程度了，自己認爲差不多了，快跟這世間分離了。再進一步就是人世間的第一位了，這個叫賢位，之後叫做須陀洹果，須陀洹果就是證聖果了。斷了見惑，就像什麼力量呢？古人比喻，如同水流很急的瀑流，能夠把它止住、不流了，這個力量好大。我們看修行好像很容易，這一個就很不容易。這是初入佛門的、小乘教義的，叫七方便。這七種，叫七方便，你要記到煖、頂、忍、世第一、五停心觀、別相念、總相念，加起來總共七個。

大乘的七賢位不是這樣講的。這是圓教，是別乘，還不是大乘。大乘的七賢位，最初是發心，發心之後或者持誦、禮拜、念經、看經、學佛，就是有相的修行人。從有相修行人進入無相，像讀《金剛經》，一切法就是空的、般若義、無常的。之後，去方便利益別人。這就是有了方便道的修行人，以此法利益別人。這些是他現在熏習而得來的，聞法，拜懺，跟著大眾的道友，跟著師父修習的，成了不可缺少的一種種性，這叫「習種性」。但是，大乘教義講一定要相信自己就是毗盧遮那佛，這就是「性種性」，性裡頭本來具足的，本來具足的要靠修道顯，叫「道種性」，這就成一切種智到成道。心裡相信，向這方面去做，這就是調心的方法。

不論小、始、終、頓、圓，修禪宗的，學觀行的，學教義的，學念佛的，隨便你學任何法門，七方便都不能少，少了，你什麼也進不去。密宗講得更深入了，所以四加行位一定要講七方便。大家以爲密宗念個咒就行了，他根本沒有學密宗，他學了就知道，怎麼具足現前一念心。大手印法是最究竟的，教你怎麼能掌握這現前一念心念；你要是學過就知道，那是更不容易。所以，任何修行都得具足七方便，有時候叫七聖人。不過，在《華嚴經》就不這樣講了。華嚴二祖智儼大師有部書叫做〈華嚴孔目章〉，是《華嚴經》的註解，他叫七大事，具足這七大事就是大菩薩。有時候叫七聖人，這是人中之聖、人中之龍。

學習的時候，必須得懂得善巧方便。我們後來講的一多無礙、同時具足，在圓教講，這個位置不是這麼一個一個去修，一念頓俱，一念之間都具足了。大家讀讀〈普賢行願品〉、讀讀〈淨行品〉，〈淨行品〉是講有，〈梵行品〉是講空，〈普賢行願品〉是講重重無盡，還是有階位的。

我們現在回憶一下，自從信佛以來，你有沒有做到觀身不淨？所以，觀法無我、觀心無常，數息觀也好，界分別觀也好，十二因緣觀也好，你修過幾個？修成功沒有？修過沒有？這就叫次第，這是《華嚴經》的行布。行布義就顯圓融，圓融在一念之間就具足了，這就是圓融。分開來，要漸漸去做，一個一個去做。

我們再講圓融跟行布義。比如你今天早上睜開眼睛，不論你到公司上班也好，或者你在家裡整理家務也好，這一天的事務很紛雜，都是從你這個心念一步一步去做；做完了，晚上睡覺的時候，這一天的事兒過去了，又都攝歸你自心。這個就是華嚴義，是很通俗的，大家都懂的。

所以《華嚴經》有兩句俗話。「無不從此法界流」，一切法都從一眞法界流出去的。「無不還歸此法界」，一切水是從大海流出來的，無不還歸大海。大家可能不相信，說我們那個江在山上不是海流出來的。不是啦，太陽蒸照著，把海裡的水蒸出來了，變成氣體，氣體又落到地上，下雨嘛。太陽每天二十四小時蒸發海水，蒸發熱能，升到空中，蒸氣落下來，要這樣子來解釋。像我們一天任何的動作，不是從心來做嗎？這個就是一眞法界，所以「無不從此法界流」，從心產生的；而後，「無不攝歸此法界」。《華嚴經》兩句話就可以攝受了。

儘管名相很多，修行次第很多，但是它只有一個目的，了生死，得解脫，得自在。你想得解脫、得自在，就這樣做吧。如果你見什麼迷什麼，見什麼沾一點什麼，你連不淨觀也修不好。如果不去除貪愛心，什麼法也修不進。例如，你用貪愛心來學《華嚴經》，是絕對進不去的；你起碼得有個無我心。

羨慕歸羨慕，理解歸理解，你先要有個信心，信自己是毗盧遮那佛，這一念信心把那些觀都超過了。信完了得解，我們就慢慢來吧，慢慢來就是學，把《華嚴經》學完也解了，也曉得自己就是毗盧遮那佛了。這就是圓義，圓融就在這兒，行布也就在這兒。

所以你明白十玄門，「理遍於事」，「事遍於理」，「理能成事」，「事能顯理」，「以理奪事」，「事能隱理」，「眞理即事」，「事法即理」，「眞理非事」，「事法非理」，你把這十門都懂了。如果你把《華嚴經》學完了，三藏十二部差不多具足了，顯密圓通都具足了。

我們現在講第二個門—「廣狹自在無礙門」。「廣」，這是說在事和理上都無礙了，怎麼樣無礙的呢？因爲事遍於理，理無礙故，事也無礙。就像我們做一件事，先通過你的心，你的思想通了，很困難的事情，你做起來卻沒有一點障礙，因爲你高興去做。如果你不高興去做，很容易的事情，一個鐘頭就可以完成的，八個小時也成不了，因為根本不願意。性不相近，習起來就困難得很；性相近的，習起來就容易了。

得懂這個道理，懂什麼呢？懂得理和事的關係。你要知道無礙的關係，不要把它看成是離開你現前的現實生活、和現實的境界相，另外去追求，你永遠入不到。一切佛法就在你日常生活當中，多圓滿，多究竟，越究竟的越離不開你現前一念心。你用這個去體會，學什麼都很容易入。因為心跟事無礙了，心跟境無礙了，事跟理無礙了。為什麼呢？事就是理，心遍於事，就是這樣子。那個事情做不好，是你心裡出障礙，事情就圓融不了；心能不障礙，理能成事，那就容易了。

每件事都是理事那樣子，每件事都入於理，理遍於事，事遍於理，理事無礙，事事無礙，這就是「廣」。這個無礙是不壞事相的。要是壞了事相，那就叫「狹」。「廣」也好，「狹」也好，都無障礙，能自在，「廣狹自在」。「狹」一微塵，那是很「狹」了。但是在這微塵裡頭，演無量法門，容納無量佛剎，那就「廣」了，而不是「狹」。

我們舉個例子。就像目犍連尊者，他有神通，他是自在的。但是他的自在是有局限的，不是無礙的自在。有一次他在座上聽佛說法，他聞佛的聲音，非常清楚。他說：「我大概在講堂裡頭吧！我離開講堂再聞。」他就離開講堂。離開講堂還是那樣聲音，他就用神通到了須彌山頂，到四梵天上去，佛的聲音還在他耳邊。他又儘量往東方走，不論走多遠，佛的音聲還是在他耳邊。他到另外一個佛世界，不知道經過多少佛世界，他看到一道城牆非常的堅固，就在這城牆上轉。正在城牆轉的時候，那個世間的菩薩正在用早齋、吃飯，原來他在那位菩薩的缽上來回這麼轉，那位菩薩就想把他彈掉－那是一隻小蟲子，很小。佛就跟他說：「你不要動手，他是東方無量世界釋迦牟尼佛的大弟子，神通第一的目犍連。」佛就跟他說：「你念『釋迦牟尼佛』，你的身量就跟他們一樣了。」目犍連尊者一念「釋迦牟尼佛」聖號，他的身量就變成跟那位菩薩的身量一樣大了。因為他的神通是「狹」的，他是仗著佛的音聲而「廣」的，「廣」的他收不回來，到那兒去他就「狹」了。

這只是一個例子，我舉這個「廣狹自在」，目犍連尊者的自在是有限度的，不自在。要自在到什麼程度呢？像釋迦牟尼佛，我們這世界的釋迦牟尼佛是化身佛，他的神通自在是有限度的，只是這一個化國度。那大應身，千葉的釋迦牟尼佛，神通就大了，他有一百億事業，一百億四天下。他不能入華藏世界，盧舍那佛就入華藏世界了，這是毗盧遮那佛，無形無相的，完全自在了。

「廣」和「狹」，是對機來說的，不是對法來說的。你心量大就「廣」，你心量小就「狹」。《華嚴經》學完了之後，還是我執我見，跟著你的看法，跟著你的思想，那是你的華嚴，不是《華嚴經》的華嚴。這個道理懂吧！

所以心量要大，不要光看著眼前的。不要只跟著經上所說的，極樂世界，藥師琉璃光如來世界，乃至我們所知道的這些世界，這個叫「狹」，「狹隘」的「狹」，不是寬。要是你入了華藏世界，入了法界，那就「廣」了，就是「廣狹自在」了。

「故為事事無礙之始。」《七十六經》這部經我沒看過，藏經裡頭有。摩耶夫人說：「善男子！我身形量，雖不逾本，然其實已超過世間。」這是本著法性說的。「量同虛空」，在那部經上說，有位菩薩來問摩耶夫人，說：「妳的身量好大？」她答覆說：「我的身量啊，看怎麼樣說。若要是從它的義來說，超過世間，量等虛空，我能容受十方的菩薩。」菩薩受生的時候，在他母腹之中是有宮殿的。「十方一切菩薩在我腹中，各個都有各個的宮殿；十方諸菩薩的宮殿，我都能容受。」這就是「廣」。

這個道理可以舉個例子，「廣狹自在」。像十五的月亮，我們看江水、河水，或者擱一盆子的水在外頭，都有它的影子。月亮本身沒動，這些只是它的影像。這個地面的水距離月亮有好遠，你不能拿里數來計算，你計算不出來；但是，它卻能夠顯現。

一個鏡子，裡頭能容好多，鏡子體積好大。鏡子本身是「狹」的，但是容量可是「廣」的。

比如我們現在是凡夫，沒證到聖果。但是我們因為學法，心量大了。我們連這個屋子都包容不了，但是我們的心卻能包容世界，能包容到極樂世界、東方藥師琉璃光世界、上方不動世界。心並沒變大，那些個世界也並沒縮小，這就是「廣狹自在」。懂得這個道理，其它的你都能懂了。

第三是「一多相容不同門」，「多相容」？廣狹無礙了，所以一多也就相容了。多就是「廣」，一就是「狹」，廣狹皆無礙了，一多也無礙了。

大家可以這樣想，像在我們這個會中的，如果自己進入靜思惟，用你的心這樣想，這些在座的都在你思惟當中，在你心裡這樣想。你就是一，這就是多，互相容。什麼容呢？心量容。如果你成就了，修成了，這不是理解了。修成了，事實上就變成你能容了、你遍了，沒有你的相了，也沒有他的相了，容的多相都沒有了，自他無相，無相還不容嗎！就遍了。在一眞法界當中，就是眞空絕相了，三觀互相容攝的。所以一多才能相容。一跟多既然容了，多容一更容易了，攝多入一。其實十玄門就是一個。

「相容」的意思，就是你的體跟多的體並存，並不是壞相。就像我們現在，你這麼作意思惟，說大家都在你的心中，大家是「多」，你是「一」，你也在大家心中，這叫「一多相容」。而且各個體還是各個的體，但是從理性上是通了，這叫互相交融、交錯。

要是把這一微塵舒張開，就是遍入法界，遍一切法。要把一切法攝回來，一切法就入一，所以「一多相容」，也叫「卷舒自在」。攝跟放是一樣的意思，但是同時、一剎那際。所以一微塵有微塵數剎就是這個涵義，剎剎都是互相攝、互相入。

所以《華嚴經》說華嚴世界是：「以一剎種入一切，一切入一亦無餘。」一切種入於一種，一種又入於一切種。一剎種入一切剎種，一切又入一。「無餘」就是沒有剩下來，沒有容不了的。體和相本來是無差別的，因爲它是無等量的周遍。

清涼國師舉例說明，「如一室千燈，光光涉入。」這個屋子攝一千盞燈，每一個燈裡又攝一千盞燈，燈燈互相攝就重重無盡了。現在我們這裡有六盞燈，六個大日光燈，這個燈攝到那裡，那個燈攝到這裡，就光光互攝了。你怎麼分別出來這個光？你說這個光是哪個燈的？你分辨不出來，光光互攝的意思，要這樣來理解。

第四個是「諸法相即自在門」。由此容彼，彼便即此；由此遍彼，此便即彼，所以是「相即門」。如一微塵廢己同他，舉體全是彼一切法。

「相即」，就是自攝入他，他攝入自。諸法相即，一法即是一切法。此法容彼，彼便即此，這是要理上來說的。因爲由遍彼故，此就是彼了，所以有這個「相即門」。

舉例子說，一個微塵。廢己同他，廢這一個微塵，舉它全體，這個微塵體不存在，就是一切法。也就是廢[illegible]眞法界遍一切法，一切法都是一眞法界。就是這麼個涵義，這不是相上說的，而是理上說的。

我的人相，不拿我當做本位，以一切人做主位，無我了，我的人性遍一切人，一切人的人性就是我的人性，這就是「相即」的意思。一切的人性是我的人性，我的人性也是一切人的人性，就是「相即」的意思。《心經》「色即是空，空即是色」的涵義，就是這個意思。但是《心經》不遍，這個遍的義，在這裏講得更深入一點。

舉體全是彼一切法，而恆攝他同己，把他都同我自己，他就是一切，那麼，一切就是我自己的體。

接著舉金子的例子。如果金子的本體，我們打戒子、打耳環、打種種的體，金子本身沒有了，都變成金耳環、金首飾等等。要是把這一切金的首飾相，都鑄成了又回復原體，那就是一金子相了。此體、他體就是一體而已，因他的業造作了什麼就是什麼相。大家多思惟思惟這個涵義，就是不論男的、女的、老的、少的，都是同一個人性，一體中幻化出來種種的體。

大家多想一想，他即是自，自即是他，自他無二，沒有障礙的。爲什麼呢？無體，一切法無我。這就是前面提到的，你觀想互相容入的時候，一切法無體。像金子跟金色，不相離的，金即是色，色即是金。金子是黃色的，一看到那個黃色，就知道這是金子。你要是把銅當成金子，其實它不是金子，它們只是色同，性質不同。要這樣來理解。

「諸法相即」，這個只是同類的，不同類的也是「相即」的。你舉一法緣起，不論舉哪一法，這個法是因緣所生的，因緣所生的即是空的，這個「相即」義是建立在空上、無障礙上，要是有障礙不會「相即」的。

但是爲什麼我們不能「相即」呢？因爲你沒證得，現在還有障礙。這是華嚴的境界，是毗盧遮那的境界。等你也達到，也就「相即」了。這個達到是修爲的達到，但是你的體，不是說我們也是毗盧遮那佛嗎？不錯，你也是毗盧遮那佛。那是理上，事上你還有障礙，你還沒有修，事跟理你不能無礙。這不是依人說，而是依法來說。

懂得這個道理之後，「諸法相即」就自在了。我們現在不自在，爲什麼不自在？你沒修觀。要是修觀了就自在了，就自他無二了，你就達到無礙了。你還沒有自在，因爲你沒有觀，你不自在啊。觀了就自在了，所以叫觀自在，不觀不自在。

這個自在有一定程度的。現在按圓法講，一切都圓了。但這是離開事，純就理上講，一切都是「相即」的。儘管在事上通不到，理上是通的，要這樣來認識諸法。所以說你就是毗盧遮那佛，毗盧遮那佛就是你，這就是「相即」的意思。

第五個是「秘密隱顯俱成門」。由互相攝，則互有隱顯。「顯」是顯露，「隱」是隱含了。所以攝他他可見，故有相入門。攝他，他是可見相，攝入歸己，就是他入於自己了。若攝他，沒有相見了，那就是他無體了。他無體攝歸你體，那就是相即，他就是你了。相即的意思，就是自即是他，他即是自。若自被他攝，自就是他；他被自攝，他就是自，這就是相即的意思。

他攝入自，他的相隱，也顯自己沒有他的相，自相就顯。自攝入他，自己的相就隱了，他相就顯了，「隱顯俱成」。

自攝入他，自己的相隱了，他相就顯了，這是「隱顯俱成」。毗盧遮那佛的性體攝入我的性體，毗盧遮那佛不見了，就見我了。我被攝入毗盧遮那佛的性體，我的相沒有了，我的性體跟毗盧遮那佛一樣。現在我們俱在，毗盧遮那佛是相，我的相還是我的相，不能相即，這樣就是有障礙。法無障礙，事有障礙，因爲事不能成理，理不能成事；這是你的障礙，不是法的障礙。迷了跟悟了完全不同，迷者有障礙，悟者沒有障礙。

眾生即是佛，是理。那是心造的，心還沒造成，等造成了就行了，這叫「秘密隱顯」。我們經常講，自己就是地藏菩薩，自己就是觀世音菩薩，這個道理，我是有體會的。例如說，我沒見過這個人，他夢到我了；就是我的相在他那邊顯了，在他的心裡頭顯了。怎麼會顯的呢？這就是感應力。不是我的感應，或者是他跟地藏菩薩有什麼因緣。你修地藏法，他也修地藏法，他就現了；現了，他就會求。類似這一類的事，就是「隱」和「顯」。

對於菩薩來說，不論是文殊師利、觀自在或者地藏菩薩，我們天天在求，菩薩天天也在我們身上現，但是我們不認識。當你有了智慧和理解力，你就知道那是菩薩；過去你沒有這樣的理解力，但是你突然有這樣的理解力，那是菩薩的智慧，不是你，菩薩隱了，你顯了。但是當你的智慧攝入了，你修行的功力到了，你就入菩薩境界了；雖然別人看你還是現在的相，但你心裡已經轉變了，你的相也隨著轉變了。

有些人，你隔幾天去看他，他的相貌變了。做好事就是好相貌，做壞事就是壞相貌，你會有感覺，不是事上，是理上，你突然間對這個人產生一種恭敬心，你會知道他已經在修行上有了入處了。你對一個人特別厭煩，特別反感，一定他做了壞事了，做了不可告人的事。雖然是沒有，但是「隱顯」的道理就在這兒，你可以有個入處。我這是比喻講的，這個「隱顯俱成門」，隱即是顯，顯即是隱，這是秘密的。

例如我們修密宗的時候觀本尊，當你觀長壽佛的時候，你的思想意念達到一定程度了，你自己的相沒有了，變成是長壽佛相、白度母相，這就是現本尊相了。我們爲什麼觀想的時候，佛住在你的頂，從三處入：從這個頂上入，從心上入，有的還從五處入，這是屬於「秘密」，叫「秘密隱顯」。

「秘密隱顯俱成門」是要自攝、他攝。他舉很多例子。經上說：「東方入正受，西方從定起。」在東方入定，在西方出定，這是什麼道理呢？沒有東方、西方，這是自他無二。東方入定的時候隱了，在西方出現了，那就顯了。有時候俱顯，有時候俱隱。觀世音菩薩，或者在娑婆世界度眾生，就把西方極樂世界隱了；事實上，他在極樂世界也沒隱，東方世界也在顯，這就是同時現、同時隱。這個道理越說越深了，反正你自己必須得意會，用語言來形容是不容易表達得很確切。

「相即」、「隱顯」、「微細相容」等十玄門，你要是做解釋的時候實際上就是一門。叫做什麼門呢？「周遍含容」。這裡說的都是顯「周遍含容」，不然怎麼能「周遍含容」呢？用這十玄門來顯「周遍含容」。這都是互相攝、互相入，相攝相入。

清涼國師在這裡舉個例子，如果你拿兩面鏡子互照，兩鏡互照。這個道理，賢首國師研究得很多，他是用鏡子來相相攝照。賢首國師在他修行的屋子裡頭，掛十面鏡子，他坐在中間，就看那些鏡子，鏡子相攝相入。他是這樣來了解重重無盡的意思。

清涼國師在這裡指出，東方的入了定，正受就是入定，在西方又從定中起。東方入定就叫顯，西方定起就叫隱。他起定沒人看見；但見入定，不見起故。

這三門，都相攝而入，互相攝著而有，要多思惟這個道理。所以他東方入定，沒有見他起；他由西方出定了，卻沒有見他入，其實他是不出不入。這三種，你自己想，互相攝而有，互相入，就沒了。就像兩面鏡子照，還有像波跟水，把水攪得全是波了，看不見水了，水就隱了，只看見波了；等到水又平靜下來，波沒了，水又現了，波隱，水現了。這就是隱顯、顯隱，「同時俱成」。爲什麼他舉東方入定、西方出定呢？因爲是同時的，這邊入，那邊出。

例如，我們由前門進來了，從後門出去了。前門的人只看見他進去了，沒看見他出來；後門的人只看見他出來了，沒看見他進來。隱顯的道理就是這樣，這只是舉例，還要用我們的法性來說。地藏菩薩，每尊菩薩，每尊佛，現無量億身，我們只看見無量億身，看見現相，沒有見到本質，其實他的本質沒動。只見現相，沒見到本質。他本質隱了，現相就顯了；本質顯了，現相又隱了。這是「隱顯俱成」，但是同時俱成的。

阿彌陀佛每天要在這無量世界接引好多眾生，看見的是這個相，那個看見的是那個相，他不一定現什麼相。你看的時候是顯，其實在極樂世界他本身的法身是隱了。法身都是隱了，現相的更都是假的。

要修觀啊，修觀就是思惟。多思惟這種現相，多思惟的時候你就能相信了。現在我們只要求相信，連信都還沒到位。必須有了信位了，而後再解，信了之後的理解才更深，解了之後而信，信得更誠懇。信、解之後才能修。信還沒信，還沒明白怎麼回事，怎麼去修呢？又怎麼修呢？

例如我們觀身不淨，你會觀到身體沒有了，就是不淨。像西藏的喇嘛，每個屋子裡頭都有一張小照片，白骨觀。甚至用白骨頭，或者在墳墓中撿了一塊小骨頭擱那兒做觀想，說：「將來我就是他，他就是我。」觀久了，一切就無貪無愛了，反正是一堆白骨頭，把自己觀想爲無我了。

經上說，童子修水觀的時候，他觀到身上就是水了，身體沒有了。別人看不見他的身體相了，身相隱了，水觀觀成了就是水。觀火觀也如是。這就是「秘密隱顯」。

第六，「微細相容安立門」。我們前面講，由他攝己，由己攝他，不是講攝那一個，攝他就是指一切法。由此攝他，就是由此法攝他法。「微細相容」，互相安立。怎樣「安立」呢？由此攝他，一切齊攝。比如我剛才舉的那個例子，由我攝大家，由大家都攝入我之中，我就化爲大家了。然後大家每個人都如是攝，每個人都具足這一切，這叫重重無盡。一個人攝八十人，八十人又是每個人都攝八十人，那就是六千四了，這樣攝下去，越說越廣，越說越廣。

清涼國師舉個例子，拿一只玻璃瓶子，裝芥菜子，或者裝小米，裝什麼都可以。你在玻璃瓶子裡頭看，有好多，隔著瓶子也都能看見；如果是有顏色的玻璃瓶，你看不見了。微細相容，互相的相容。

他再舉〈十迴向品〉的偈子：「一毛孔中悉明見，不思議數無量佛。」在一個毛孔中能見無量佛。就像善財童子入普賢菩薩一個毛孔，參了無量諸佛、無量佛刹，同時具足，並不是很長的時間。就一刹那際，入了普賢菩薩一毛孔中，參了無量諸佛。

我們平常只是念，沒有如是觀想，但那都是華嚴義。在極樂世界的時候，一清早起來，還沒吃早飯，就參了十萬億佛，怎麼參的啊？那就是互相顯現，「微細安立」，不然不可能達到。

在一個毛孔中，就好像在一只玻璃瓶裡頭，能見無量的芥子，就是這樣比喻的說。在一個毛孔這樣子，各個毛孔都如是。

我們在拜懺的時候，一禮遍十方，禮一佛就是一切佛，禮一切佛即是一佛，這叫一禮遍十方。當你磕頭時這樣觀，就像天帝的帝珠，刹網中有無窮無盡的佛。為什麼能這樣子呢？《華嚴經》有個偈頌：「能禮所禮性空寂。」能禮的我，體是寂靜的、空的、無障礙的，能禮的我也是空的、是寂靜的。所禮的諸佛，一切無量諸佛，也是空的，也是寂靜的。所以能禮的我、所禮的諸佛，他的體性是空的、寂靜的、交融的，而且是一個。所以，一即一切就是這樣子，一切即是一了。

但是，我們是感方，諸佛是應方。我這個感，跟他的應，是不可思議的。你要想想這是什麼道理，你可能想不出來。光明之中，都如是。「我此道場如帝珠」，就像帝釋天的珠子一樣的，光明互攝的。所以「諸佛菩薩影現中」，我們加個「菩薩」，若不加「菩薩」就是「一切諸佛影現中」，都影現在這光明當中。影現在什麼光明中呢？影現你自己本性具足的光明，這是不可見相的。

可見的都是妄，不可見的才是眞。我們倒過來，見不到的是妄，見得到的才是眞，我們就是顚倒。但是佛教講，看到的都是假的，幻化的，不實的；見不到的，才是你的眞性。等你證得了，見到了，就是見到了也說不出來，眞明白了無話可說，凡是我們說的都是還沒明白。我現在在這兒說，你們在這兒聽，我們都還沒明白，明白了就沒有可說的了，明白了還說什麼？「言語道斷，心行處滅。」大家這邊互相靜坐，你也明白了，我也明白了，你也不說，我也不說，都理解了，心靈相通了。那叫「微細安立」，很微細。

所以這樣才能夠「周遍含容」，必須到這個境界才能「周遍含容」。十玄之中，有一玄就具足了其餘九玄，我們隨舉一門都具足九個，互相攝的。

第七，「因陀羅網境界門」。其實這個比喻，我們沒辦法理解。因爲這個比喻，在忉利天說法就拿忉利天來做例子。帝網，帝釋天的空中有一張網罩著，就像打魚網似那樣罩著，網很大，把忉利天整個給罩住了。每張網裡頭有粒珠子，珠子是互相攝應的，把整個的帝釋天、四天王天都攝到每一粒珠子裡頭去了，這粒珠子如是，那粒珠子如是，珠珠都如是。所以佛說法，都舉帝釋天的帝網，跟珠子來做比喻。帝釋天妙善堂的殿裡頭，那張珠網浮在上頭，所以那個是明珠，萬相俱現的，每粒珠子都是如是現。又互相的現影，影復現影，影子又現影，影子又現影。燈裡頭本來現著影子，這粒珠子裡頭現著影子，影子又攝到那粒珠子，重重無盡。

大家都看過霓虹燈，到過舞廳，我只看到外境，還有像展覽會上，或者大廣場裡頭，那些燈光都互相照攝，人影也是互相交錯，來往的人影特別多，各種顏色的，所以在那裡眼花撩亂，就是這樣子。你要是開了智慧，再來看這些問題，就不會眼花撩亂了。

所以佛說法，拿這個例子做比喻。這個境界是什麼境界呢？沒有境界的，「因陀羅網境界」是沒境界的境界－心靈的境界。就是形容心能轉境。怎麼樣轉呢？我剛才舉這個例子，就是我們的心，就是我們的妄心，雖然妄心，它有妄用，妄用也是妙用無方的，你定不出個方向來。比如說我們這個妄心，不說幾十年了，你一天要經過好多事情，這些事情都在你的心中烙出影子了。或者你在作夢，或者你在回憶，它會顯現出來了。

有人問我這麼一個問題，他說：「植物人沒有思想了，他要是沒死，他還有沒有想像？有沒有意識？」有啊！我們看他，以爲他什麼都沒有了。他是到另一個環境裡頭受罪去了。我們看見他躺在那裡，什麼活動都沒有，但他並沒斷滅。要是那樣，我們都當植物人好了，什麼罪業也沒有了，什麼也不知道了，事實並不是這樣子的。《地藏經》不是講得很清楚了，你看著這人在這兒倒著，實際上他到那兒受罪去了。

這個意思就是，我們的心靈，妄也妙不可言，你說我們做了好多事吧。要是達到眞了，眞了就更不可說了。不過妄有妄的境界，眞有眞的境界，境界不同。妄是隨境轉，見什麼境界就隨那個境界執著；眞是能轉境，一切境歸眞了。知道是妄了就不妄了，不知道妄是眞妄了，是這樣一個涵義。

這個只能夠用鏡子來作比喻，讓大家理解。「因陀羅網」就是光和光的表現，是這麼樣一個境界。這個境界顯什麼呢？顯重重無盡。像〈普賢行願品〉所說那些境界，你如果不理解，你觀想「因陀羅網境界」。因爲我們沒見著，天人修這個觀就好了，他見著了。

佛說法，在哪兒說法，就在哪兒舉例子，因爲這是在忉利天、夜摩天、兜率陀天、化樂天說的《華嚴經》。像在人間說的普光明殿，那也不是我們的境界；普光明殿也沒有，不是人間的境界。要是形容普光明殿像什麼呢？就像我們有什麼大法會，臨時在體育館蓋一個會場，法會過去了又沒有了，又空蕩蕩的。大概可能是那樣子，這還有個形相，那個是沒形相的，法會過了就沒有了，那是意境。

就像我們在夢中，作夢遇見的一切境界，你醒了去找，沒有啊。要是把作夢當成眞實了，就有得苦頭吃了。像夢裡頭撿了錢，你以爲發財了，趕緊去享受；你辦不到，那是作夢。

所以我們從佛法的教義上、理解上，我們懂得了，重重無盡。事實上做不到，我們處處是障礙，不能重重無盡。原因是什麼呢？你心還沒通。等你的心通了，這就叫「神通」了。我昨天講了「神名天心」，「神」就是你自然的心通了，什麼都通。自然的心不自然了、不自在了，不自在什麼都通不了了。

第八，「託事顯法生解門」。「託事顯法」，這個法就是理，一眞法界。一眞法界，我們沒辦法理解，怎麼樣呢？用事相上顯。或者是說有，或者是說無，用這個事來顯吧。就像六祖惠能大師，他是用樹來顯菩提，用明鏡顯心靈；「靈台」，是指心靈說的。託那個事情來顯你的法，叫「託事顯法」。

上面所舉的帝網就是「託事」，假借帝網的事情來顯一切法。如果你能有一粒大的水晶珠，水晶珠雕了很多蓮花瓣葉子，你可以往裡頭看，每瓣蓮花葉都有你的腦殼。你腦殼並沒有因爲要攝入就變小了，蓮花葉並沒有因要攝入你的腦殼就變大了，它還是一樣那麼大，但是你腦殼在裡頭，每一瓣裡都有你腦殼。你可以遇著一切境，都用這個觀想，之後驗證你的心。要多思惟、多觀想，你漸漸就能理解、就能入。

所以「託事顯法」的意思，要你「解」，「解」就是明白，「解」就是學習；明白了之後，你才能修，才能作觀，不然怎麼作觀。但是「解」有三個條件，信了的「解」，能很快的解脫；不信的「解」，解不開，越解越深。所以信的前提還有個要求，要信，信、解、行、證，完了才能證入。

像帝網就是託帝網顯什麼呢？顯一即一切，就是顯我們這個心能遍一切處。見一花啊，見一葉啊，見一粒飯啊，或者隨便見一微塵啊，就是一法界，就是一眞法界。禪宗就是依著這個意思建立的，像「丹霞燒佛」，「如何是祖師西來大意？乾屎橛！」乾屎橛是糞便，怎麼是西來大意？那就是一眞法界。這叫「託事顯法」，所以你不要在這裡起執著，不要起執著，就是消你的執著。見一花葉，說這就是一眞法界，這是「託事顯法」。

花、蔓、蓋是顯什麼呢？一切諸法生起是從什麼生的呢？從無生生的。一切法從無生生的，根本就沒生，哪還有一切法呢！你要是證得了這個道理，就證得無生法忍了。無生是什麼？是一眞法界。一眞法界不生一切法，一眞法界，怎麼生一切法？一切法怎麼有的呢？一切法是影子，是妄想而起的。妄又依什麼而起呢？一念不覺生三界，妄不離眞，那又是一眞法界生一切法，界生一切法。一眞法界生的一切法，法法皆眞，沒有一個假的。這個道理很深了，這樣一反一復、一反一復，很不容易理解。

一切法緣起，緣起無自性。無自性，沒有，它怎麼生的呢？緣起的。緣是因什麼呢？緣必有因，因是什麼呢？還是一眞法界。這叫妄盡還源觀，這種觀，就是觀妄盡了還源，還源就是一眞。他又不承認一眞法界生一切萬法，既然是眞了，生萬法，還叫一眞法界嗎？他這樣說說不通的，所以才這樣子解釋。

所以禪宗，問如何是祖師西來大意？或者豎個拳頭，或者舉一個指頭，是借假、託法，讓你生起法性。

再說回來，法法皆眞，你說哪一法不是法性呢？法法都是法性。法法都是一眞法界，一微塵就是一眞法界，這一微塵是一眞法界，那一微塵也是一眞法界。法界不分界相的，也不是一，也不是多，也不是隱，也不是顯。所以這十門，就是來回顯示一眞法界。

所以你見到一片樹葉，見到一瓣花葉，那就是無盡法界，無盡法界就是這一瓣花葉。還是不是那一盞燈呢？是啊，那一盞燈也是。還是不是桌子呢？桌子也是。法法皆眞，如果你沒明白這個道理，法法都是妄，一眞法界也不是眞法界了。這叫意會，不可言傳，但有言說，都無實義。我說的都是假的，但是這個假的是要你漸漸入那個眞的，如果沒這個假的，那個眞怎麼入。所以因緣而能入，那麼眞理是絕緣說的，要是絕緣說的就沒法入了；以言遣言，用言語說出來。

第九，「十世隔法異成門」。第一門到第八門，這八法都是所依。能依的是什麼呢？是時，是世。所依之法，從前八門融合了，或者融通了。能依的時，也就融通了。所依的既然融通了，能依的也就融通了。

什麼叫「十世」呢？我們舉《華嚴經》的〈離世間品〉說過去，過去的本身就具足過去，過去又說現在，過去又說未來，過去裡頭就是過去、現在、未來，就是過去的三世。現在，現在也有現在的過去，現在也有現在的未來，現在也有現在的現在，這是現在的三世。未來，未來有未來的過去，未來有未來的現在，未來還有未來的未來，這是九世。過去、現在、未來三世變成九世了。一念，就是現前刹那際的一念，九世加一念就是十世。

「隔法」，三世的區分，過去、現在、未來是「隔法」。各個在各個就是「異成」了，過去是過去，未來是未來，現在是現在，那都是「異成」了。他這裡只舉一個例子，一晚上作夢，夢見好多生，數世，過去的、未來的、現在的。不曉得有人作過這種夢沒有？我是作過這種夢的。

這種夢，不一定的，有時候你作的夢不曉得是怎麼回事，但是你一觀想，這個夢就有好多年、好多世、好多輩的事。明明知道是自己，但是穿的衣服、所做的事情，不是現在人的，知道那是過去的。過去好多世呢？看你夢到穿著什麼服裝，你自己可以想像，大概是明朝，大概是唐朝，大概是清朝。馬蹄袖的，前面的頭髮剃了，留個小辮子，那大概是清朝的；留全髮的，大概是明朝以上的。你可以知道，但是要你自己理解。夢，大家各人作各人的夢。人家說同床異夢，夫婦倆睡一個床上，各作各的夢，各個夢不同。拿這個夢來做比喻。

「隔法異成」，注重在「異成」。十世不離你現前的一念。過去修的，現在成就了。現在修行的，未來成就了。現在未成就，未來成就了，這叫「異成」。若今生修今生成，這就不叫「異成」了。但是今生修今生成了，含著有前生修的，就是過去積累。

「十世隔法異成」，但是，十世不離於剎那際。我們前面講懸談了，就是一念間，這一念間就叫「剎那際」，十世不離當念。「隔法」，就是有間隔，過去不是現在，現在不是未來。但是成就了，「異成」，異就是不同，而成就了。

十玄門的最後一門，「主伴圓融具德門」。

「由法法皆然，故隨舉其一，則便為主；連帶緣起，便有主伴。以此圓教，理無孤起，必攝眷屬。如〈現相品〉，佛眉間出勝音菩薩，與無量諸眷屬俱出，即人眷屬。佛放眉間光明，無量百千億光明以為眷屬，即光明眷屬。又法界修多羅，以佛剎微塵數修多羅為眷屬，即法眷屬。故隨一一皆有眷屬，眷屬即伴，故證主伴。如長空明月，列宿圍繞；萬器百川，星月炳現」。

「以上十門，同一緣起，無礙圓融，隨舉一門，即具一切」。「如一事塵具此十門，而其餘教等十門，則爲百門。事法即爾，餘教義等亦然，則爲千門。若重重取之，亦至無盡。如一千錢，共爲緣起，一錢爲首，則具一千，餘亦如是，則有千千。千千之中，隨取其一，亦具千千，故至無盡。於此十門，圓明顯了，則常入法界重重之境。」

這個主「伴圓融具德」，就是該攝到十玄門的前九門，舉一即入一切。我們讀《華嚴經》，要明白「主伴圓融」的意思，乃至於「十世隔法異成」，「一多相容」，不論你讀到哪個不可理解的問題，都可以用這個涵義來解釋。

清涼國師在這裡頭舉了很多的例子。以我們現在的例子來說，一個國家的總統，他有好多眷屬，有好多官吏，還有好多人民，舉總統就代表一個國家，那個國家所有的人民、所有的官吏都是他的眷屬。大家懂這個涵義，每一個人所執行的也就代表這個國家。清涼國師並不是舉這個例子，但是都是一樣的。

怎麼叫「主伴圓融」呢？就是你舉這一法，以這一法爲主，其他的法都成伴了。那麼，伴也具足主的德，「主伴圓融」，具足智慧德相。

他以下舉例子，法法皆然。我們前面有十對，「理事、境智」等等，這十對是相對的意思。把那十對攝受來都是圓融的，「一者理事，二者教義，三者境智，四者行位，五者因果，六者依正，七者體用，八者人法，九者逆順，十者感應。」隨舉一法，外面的境界相太多了，隨便舉哪個境都可以。山河大地，草木，房舍，隨便舉一法，這一法就爲主，其他的一切法就爲伴。懂得這個涵義就行了。隨舉哪一法，這一法就爲主，就連帶的緣起一切諸法。古人形容這個問題，就說「一塵起大地收，一葉落天下秋。」這就含著「主伴圓融」的意思。

《華嚴經》是屬於圓教義，因爲圓教義的緣故，所以說一切法都圓。教就是佛所教導我們的，一切的言語，所說的一切法，都叫教。從這一個意義說，苦、集、滅、道，也都說是圓的。後後攝於前前，隨舉哪一法，哪法都是圓的。爲什麼呢？舉一法就是緣起的意思。若這一句是佛所說的，佛所說的一切法，四十九年所說的一切話都是圓的，懂得這個意思就知道了。因爲在理法界，舉一理就是一切理，理遍於事，舉一事，全事即理，所以說理無孤起，絕不是孤起的。說眷屬，眷屬就是事。

清涼國師舉《華嚴經》〈如來現相品〉。在〈如來現相品〉，勝音菩薩帶著無量的眷屬，在佛眉間的光明出現。勝音菩薩與他無量的眷屬，就從佛的眉間出現了。勝音菩薩是屬於人，無量眷屬就是他的周圍跟他一起來的，那就是他的眷屬。

佛放眉間的光明，有無量百千億的光明爲眷屬。我們懂得這個意思再來看佛經，就像看《地藏經》，佛放各種光明，前一個光明是主，其他的光明是伴。舉一事，這一事就爲主，其他的一切事那就爲伴。爲什麼呢？這一事是緣起的，其他的一切事也都是緣起的。

修多羅，就是契經，我們舉《華嚴經》爲例；《華嚴經》就是契經，這個契經就是法界的契經，這個法界的契經就含攝著一切法，法法都是法界。在舉這一法的時候，這一法爲主；在舉其他法的時候，這一法又爲伴了。在〈淨行品〉，是以文殊師利菩薩爲會主，在其他的會上，文殊師利菩薩就是伴了。懂得這個意思就行了，這是舉個例子。所以說，舉一個修多羅，乃至於舉《阿含經》。上契諸佛之理，下契眾生之機，這叫契經，契合的意思，經就是佛的言教，佛所教導我們的都是又契理又契機。要是舉《阿含經》，《阿含經》就爲主，佛的其他一切教義都爲伴。

如果說《阿含經》是小教的經典，其實沒有大小，我們前面也講過了，就看你當機眾怎麼樣領會的。本來是圓法，如果我們心不圓來學《華嚴經》，也會把《華嚴經》變成小教了。你用你的思想來理解圓教義，圓教就不圓了。我們所以有許多障礙、不通，圓不了，圓不了要修「主伴圓融具德」，就修這個觀，十玄門都在周遍含容觀裡頭。怎麼樣才「周遍含容」呢？你的心周遍法界，一切法都從你的心圓明具德而顯現。佛是究竟圓明修證得了，修跟理契合了，叫究竟覺了。我們現在雖然在理解上明白了，在契證上、在行解上還不夠，所以不能有妙用。現在就要學，多做觀想，多觀想事事都無礙的，心無礙故。懂得這個意思就懂得佛的教義了，不要去分大、小、顯、密，不要去生謗毀。一切法對機而言的，沒有什麼大，也沒什麼小，這是圓滿義。

修多羅，就是契經。契經就是法眷屬，一法爲主，其他法都爲眷屬。一一眷屬，就是一一伴，伴都圍繞主的，這就證明了主伴。

清涼國師又舉個例子，長空明月，如空中的月亮，周圍有很多的星宿。現在我們知道了，有的星宿的光明比月亮的光明大千倍、百倍、萬倍，但是距離我們太遠了，月亮距離我們近，所以我們只見到月的光明，其他的就隱了。這就是月亮爲主，星宿就爲伴。或者，海爲主，其他的百川就爲伴。懂得這個涵義，就知道「圓融具德」的涵義。

以上的十門是指著十玄門說的，隨舉一門具足了其餘的九門，隨舉一門就具足了法界，隨舉了這十門也具足了周遍含容觀，隨舉周遍含容觀具足了理事無礙觀，就是眞空絕相觀、理事無礙觀、事事無礙觀，就是周遍含容觀，也就是說四法界—理法界、事法界、理事無礙法界、事事無礙法界，三觀就是四法界，因爲同一緣起的緣故。因什麼緣起呢？性空。

我們前面講過，緣起法是沒有自性的，它的性體是空的、無自性的。性空故而能無礙；無礙故，每舉一法，每法就具足全性。如果你這樣修行，全性起修，就事事無礙。怎麼叫全性起修呢？念一句「阿彌陀佛」就是念法界之內的一切諸佛菩薩，乃至於三藏十二部經都在一句「阿彌陀佛」裡頭攝受了。但是我們不知道念一句「阿彌陀佛」什麼都具足了。如果你要是學了《華嚴經》「主伴圓融具德」，學了十玄門，學了總相、別相、同相、異相、成相、壞這個六相了，你才能懂得這個意思，不然，各是各。

我們磕一個頭，功德之所以沒有那麼普遍的原因，是你心裡局限了，不能夠「圓融具德」。如果你能「圓融具德」，一念之間就圓滿成就了。你修的時候，你的行跟你的性，契合，那就叫證得了，這樣才能無礙圓融。所以隨舉一法，無非法界。

《華嚴經》有兩句話是其他經沒有的：「無不從此法界流，無不還歸此法界。」說一切法都從法界而流露出來的，一切法又還歸此法界，還歸性體。說緣起一切諸法是從性空而起的，緣起性空，性空不礙緣起而能成就緣起。那就是性空流出一切法，「無不從此法界流」；緣起又還歸性空，「無不還歸此法界」。這是《華嚴經》總的要義。

所以我們現在說十玄門，十玄門一門具足十門，十門就具足百門；百門之中再隨舉一門，就具足千門；千門隨舉一門，就具足萬門。如是則重重無盡。所以以下說，千千之中，隨取其一，亦具千千。

一微塵含攝無盡的微塵，所有微塵就被這一微塵攝受了，這一微塵就爲主，其他的微塵就爲伴。隨舉此微塵，此微塵爲主，其他的一切微塵都爲伴。

例如，我們這個法會當中的道友們，隨舉一個人，他是參加了學習《華嚴經》的那個法會，他就爲主，我們其他人就爲伴。每一個人都爲主，每一個人都具足了全體的一百個人，那就是百百變成千千，千千變成萬萬，這就叫重重無盡，這就是法界重重無盡的境界相。這個境界相是緣起的，有什麼境界相呢？無境界的境界相。要是有相就不能夠圓滿了，就有障礙了，無相的才圓滿。但是，又不壞一切相。舉這一法，以這一法爲主；見到這一法，就曉得這一法是緣起的，曉得它的性體是空而無礙的，要經常這樣修觀。

**疏：**二明德用所以。問。有何因緣。令此諸法．得有如是混融無礙。答。因廣難陳。略提十類。一唯心所現故。二法無定性故。三緣起相由故。四法性融通故。五如幻夢故。六如影像故。七因無限故。八佛證窮故。九深定用故。十神通解脫故。由上十因。令前教義等十對。具上同時等十門。以爲別教一乘義之分齊。十地論云。一切所說十句中。皆有六種差別相門。以顯緣起圓融之法。勿以陰界入等事相執取。言六相者。總相。別相。同相。異相。成相。壞相。一總相者。謂一含多德故。二別相者。多德非一故。三同相者。多義不相違故。四異相者。多義不相似故。五成相者。由此諸義．緣起成故。六壞相者。諸緣各住自性。不動移故。亦如梁等。共成一舍。總則一舍。別則諸緣。同則互不相違。異則諸緣各別。成則諸緣辦果。壞則各住自法。餘一切十句。皆應隨義類知。

爲什麼能具足這樣的功能呢？下面第二科：「明德用所以」。所以以下問：「有何因緣，令此諸法得如是混融無礙？」答：「因廣難陳，略提十類。」《華嚴經》一講就是十，大家知道這個公式，一提就是十，舉十個：「唯心所現故」、「法無定性故」、「緣起相由故」、「法性融通故」、「如幻夢故」、「如影像故」、「因無限故」、「佛證窮故」、「深定用故」、「神通解脫故」。

有這麼十個因緣，以上的十玄門才這樣玄，才這樣妙，才這樣不可思議。

法界性不可思議，所以法界性內的一切諸法都成了不可思議，但看以哪個為主。

如果我們講苦，以這個苦的教導，這一個法界，攝受一切法。苦沒有自性，是緣起的；緣沒有了，苦也就沒有了。苦是假名的，是如夢幻泡影的，沒有實在的；沒有實在就是它沒有自性，沒有性體，是因緣和成的。你看到苦的性，性本來不苦，也沒有樂，不是相對法。

第一，「唯心所現故」，是心裡所顯現的。就像夜摩天宮，覺林菩薩讚歎佛的時候，他最後的偈子：「若人欲了知，三世一切佛，應觀法界性，一切唯心造。」你要想了解三世諸佛怎麼成佛的？那是修因來的。如何修因來的？修心故，心所顯現，唯心所現的。

第二，「法無定性故」。法無定體，就是「法無定性」，沒有自性，就是沒有自體。就是由緣起相結合起來的。單單解釋這個緣起的相由還有十門，這個地方不重複了。都是十十無盡的，每一門要是詳細解釋，就重重無盡的，懸談還是略說，不能都解釋，都解釋了就把經全講了。

第三、第四，「緣起相由故」，「法性融通故」。既然是緣起的，沒有自性了。

一切諸法的自性是什麼樣子呢？是通的，是融合的，是沒障礙了，所以法性是融通的緣故。這個都具有十門，每一個下頭都還有十門，重重無盡。在〈疏鈔〉裡頭詳細這樣解釋，每一個都講十門。

第五、第六，「如幻夢故」，「如影像故」。幻夢、影像，我們可能理解。像我們把電視一打開，裡頭有很多的事物，你說是眞的嗎？不是眞的。不是眞的，它代表的是眞的。每天的時事新聞，不是眞的嗎？在電視上不是眞的。我們只知道電視不是眞的，但是眞正具體的事實也不是眞的，我們把它當成眞的，所以叫顚倒。我們看到悲哀的，也跟著掉眼淚；看到受苦難的，如我們家庭一個成員過去了，我們大家都傷心、哭，這叫離別苦。明明是幻的，一定要走的，沒一個永存的，所以你的悲傷也還是假的，這都是緣起的。

如夢幻，作夢是很奇妙的，你說是眞的、是假的？說是假的，在夢裡頭像是眞的一樣，等你醒了還在留戀那個夢。因爲我們睡覺只是很短暫的時間，但是這一夢可長了。還有相續的夢，你說是眞的、是假的？是假的，作夢嘛，沒有一個人當夢是眞的。但是，他留戀這個境界，他當作眞的，這是顚倒。眞正悟得了是假的，而不留戀、不執著，這就解脫了，這就自在了，不過，現在我們還做不到。

用這個來形容、來解釋十玄門爲什麼有這些妙用。因爲他那個德，德就是他修道的時候有德與心，所以心裡頭產生了不可思議的妙用，是這個涵義。夢幻泡影啊，影像都如是。

依妄起妄，影子，是妄；就是人，還是妄。可變異故，變異就是隨時轉變。像我們從小孩一直變變變，變到沒有了、消失了，唯有業存在。業本來也是幻化的，不是實在的，但是要受報。受報也都是虛假的，不實在的。但是我們還沒有悟得、還沒有證得。

第七、第八，「因無限故」，「佛證窮故」。因爲我們過去所種的因，我們現在修或者念佛也好，禮懺也好，聽經也好，讀誦經典也好，這都是因。因有多種，或者我們今天參加一座喇嘛灌頂，明天參加了一壇藥師懺，後天又去念阿彌陀佛打佛七，無量的因。無量的因會感無量的果，無量的因也是如夢幻泡影，無量的果還是如夢幻泡影。而且是因中又有果，果中又有因。

現在我們是受報，因過去種種因受報。我們受的報當中，有常生病的，也有身體不好的。還有我們現在大家的福德都很大，沒有瞎子，沒有六根不全的，這就是很有福報了。看看那六根不全的人，對著相比之下，我們是有福報的。

因爲一切諸菩薩在修道的時候，他就做這種觀想—緣起無性。觀就是思惟修，他這樣思惟一切諸法都無自性的，因緣起的。因緣起的，還會消失，因緣生起，因緣還滅。有一本書專門解釋所謂的妄盡還源觀。

因爲在修因的時候是緣起無礙，所以他證得果的時候也就無礙了，如是因就有如是果。我們講十玄門，乃至六相，是說佛的境界，〈世主妙嚴品〉就是講這個境界，什麼境界呢？佛證了果德，沒有障礙的。證窮法際，就是證得了法地無限的邊際，那是無境界的境界，跟眞性相冥合了，就是跟《華嚴經》所講的一眞法界相冥合了。相冥合了，就完全是全修在性、全性起修，一切法皆是自己的體性。就是這個涵義，所以這就是德用。

第九，「深定用故」。《華嚴經》修的定是什麼呢？海印三昧，修海印定。像大海影射一切的諸相，用這個來形容甚深，沒有涯際。我們用海形容性海，性海是沒有邊際的，所以一切無礙。所以佛是證窮了這個理性的，才能夠達到，佛是入得了海印三昧的深定才能無礙。

第十，「神通解脫故」。十通，證了等覺位的菩薩，要再進修修十定、十通、十忍；十定在前，十通在後，十忍在最後。這不是講六種神通，而是講十種神通，也就是佛的十無礙智。念〈普賢行願品〉，念〈淨行品〉，都念著有十無礙智。因此就得到不思議解脫。因爲有這不思議解脫，才能夠圓明，才能夠「隔法異成」，才能夠「託事顯法」，才能夠「因陀羅網境界」，才能夠「微細相容」，才能「秘密隱顯」，就是上面的十玄門都會具足的。

另外，對於這個解釋的，有一本〈大乘了義分齊章〉，是賢首國師著的；〈大乘了義分齊〉，就是一乘了義章。另外還有〈大毗婆沙論〉、〈十地經論〉，都是講這些諸相的。這些諸相是什麼相呢？無境界的境界相，就是一眞法界的相。一眞法界是個什麼樣子？就是十玄門。

這個十玄門所顯的諸法，是顯這個緣起的圓融之法，不要用法相的名詞—五蘊、六入、十八界這些事相，去執著取捨，這是不可以的。蘊是五蘊—色、受、想、行、識。見是十八見－六根、六塵、六識，三六一十八。六入是識入於塵。這些名詞，這些相，都變成緣起的圓融法了，不要在這個名相上去取執著。

以下解釋六相。《華嚴經》不離開這六相－總相、別相、同相、異相、成相、壞相。

什麼叫「總相」呢？一含多德故。這跟「一多相容」類似，這就是「一多相容門」，一裡頭含多，多即是一。德，就是證德的意思，已經證德了，有得於心了。這就叫總相。舉一法，體具法界，所以世間、出世間一切全收了，無有一法在法界之外，叫一含多德故。

什麼叫「別相」呢？多德非一故。波羅蜜是智慧，不是布施，智慧不是布施，布施又不是禪定，叫多德非一，我這是舉例子。

什麼叫「同相」呢？多義不相違。沒有智慧的行布施、著相的布施，功德很少。有了智慧的，是不著相的布施，沒有能施、所施，不相違背。要知道，《華嚴經》的特點就是，先說行布，行布又說圓融，圓融之後又說行布，怕你分別；分別的時候是差別智，智是沒有著相的意思。

「異相」呢？這個相跟那個相不一樣，男的不是女的，男相是男相，女的是女相，這叫異相。人性都是一樣的，都是人性，叫多義不相似。

「成相」呢？一切諸法都是一個緣起，性空緣起。這就是緣起性空，性空成就一切法，成就緣起的一切相。

「壞相」呢？各住各位，各就本位，各住各位就壞了。我們是地、水、火、風四大種合成的，如果地大住地大，水大住水大，那就壞了就消失了。雖然是各大住各大，還是不相移、不相動，並不是水大遍到地大上去了，地大遍到水大裡去了，那叫移動了，「各住自性」是「不移動」的意思。

清涼國師舉個例子，如一棟房子，房子必須得有樑，有柱子，有椽子，有磚，有瓦，門窗、戶牖都必須有，都有了才叫房舍。樑住於樑，牖住於牖，這房舍就不成了。是諸緣所合成的。但是大家誰也不妨礙誰，誰也不違背誰。但是椽子絕不是大樑，大樑不能當椽子。這就是異在各緣各別。但是成，就是諸緣和合了，就辦成一間房舍了。

這是用這房子的成就來表示這六相。用人也可以，用一切事物都可以，都具足這「總、同、別、異、成、壞」，每一法都具足六相。

**評曰：緣起之法。不起則已。起則圓融。十玄六相，其義一揆。其舍喻。詳如賢首教義分齊所解。見初地。**

這樣解釋十玄門、六相，是清涼國師作的。道霈禪師對於十玄門六相，說說他的看法，「評曰」就是他的認知，評定的意思。

緣起諸法，「不起則已，起則圓融。」隨便你舉哪一個緣起法，緣沒成熟的不起，要是一起，起了就圓融，因為是稱性起的，別把性空緣起忘了。稱性起的，性圓融故，所以起則圓融。緣起一起，就是圓融的，因為沒離開法性故，所以性是圓融的。

「十玄六相，其義一揆。」「一揆」就是一樣的。就像舉房舍義，隨便你舉哪個，椽子雖然少，離開椽子，房子蓋不成。這在賢首國師的〈五教儀〉〈華嚴分齊章〉，就說明這個意思。還有「初地」，歡喜地的菩薩，三賢位到了相似見法身了，乃至證得一分法身理體之後，從相似見而證得了，到了初地的果位，會詳細說這個緣起性空。

**論：**教義差別，亦有十門。一佛日出興教主別。二光明表法現相別。三問答所詮主伴別。四所示因圓果滿別。五地位所行行相別。六重令善財證法別。七明六位菩薩來眾別。八明所施法門理事別。九與諸三乘得果別。十所付法藏流通別。具如論廣釋。

方山長者李通玄對於十玄門，乃至總、同、別、異、成、壞這六相，只做很簡單的解釋。他就用禪宗的方式，直接明心見性，舉一就可以了，他舉一就概括一切。「理事、教義」等十對，他舉一個「教義」就行了。

「教」，是佛所說的一切言教、一切法。「義」，所說一切法都有個道理的。爲什麼要說這個圓教？像我們互相說話，我跟你說一句話，你就知道我這個話什麼意思，你就去做。就是這個意思，這是「教義」。

爲什麼「教」跟「義」有這麼多差別呢？「教」也有很多差別，「義」也有很多差別。一句話裡頭含著一個意思，這句話絕不是一切的意思都含到裡頭了。說人就是人的意思，沒有包括畜生，我這是舉例。他說一切的「教義」差別有十門，總說是十門，很簡單的。

第一，「佛日出興教主別」。佛成道之後，弘法利益眾生。「教主別」，有差別的。什麼差別呢？教主不同，是以佛爲主，所以教主不同。

第二，「光明表法現相別」。光明的表法現相不同，有的佛說的是光明，這個光明，因爲佛有說這個法，有眾生問他的義理，不能用言語去表達，佛就放光。那些菩薩，或者那些當機眾，一見到佛這個光明，就明白這個光明的涵義了。不是語言，這是以光明說法。這是光明表現的不同。

第三，「問答所詮主伴別」。每個品裡頭都有問答。例如說，〈淨行品〉，是智首菩薩問文殊菩薩的。而〈離世間品〉則是普慧菩薩問，普賢菩薩答。問的程度不同，答的次第也不同。比如他問的是張三姓什麼，他並沒答張三，他說人類的名字都是假名，管他張三、李四的，他是這樣答的。但是問的人明白了。比如〈如來現相品〉，好多菩薩問。〈光明覺品〉，菩薩問了佛很多問題，佛不答，就放光明。那些問的菩薩都知道了，我是問如何行菩薩道？我看見這光明，就知道怎麼行菩薩道。他是問如何利益眾生？佛也沒跟他說，就在光明裡頭利益眾生。這是用光明答，用光明表智慧，用這個來表法，現相不同。

「問答所詮」的意義，主件不同。像是十定、十通、十忍，是以普賢菩薩爲會主。像我們讀〈普賢行願品〉，就是以普賢菩薩爲主，善財童子是當機眾，這是主和伴不同。

第四，「所示因圓果滿別」。修的歷程不一樣的，像善財童子一生成佛，他是經歷了五十三位修成佛的。《法華經》龍女即身成佛，那個成佛又不同。所以在他修因圓的時候，到果滿的時候，各個不同。我們所見到的釋迦牟尼佛，經過三大阿僧祇劫，修成佛了；但是我們所見到的是化身，還不是應身，更不是報身。這就是因圓果滿不同。

第五，「地位所行行相別」。他所修行的，依著什麼法修行的，或是修觀想的，或是修讀誦的，或是修禮拜的，或是修禪定的，或是修般若的，修行的行門各個不一樣。

第六，「重令善財證法別」。「重令」怎麼解釋呢？是善財童子，文殊菩薩讓他去參訪善知識，他就一位一位的參，參到彌勒菩薩了，從大寶樓閣出來，他已證得等覺位了，參一位證得一位、參一位證得一位，就是十信、十住、十行、十迴向、十地、等妙二覺圓成了。還有十一地，《華嚴經》特有的十一地，十一地加等妙二覺，這就是五十三參。彌勒要他再重參文殊師利菩薩，善財童子又回來參文殊師利菩薩，證窮果海的時候，還是由初信而進入，回頭參文殊菩薩。文殊師利又叫善財童子去參普賢菩薩，這就是果後行因，這就是〈普賢行願品〉果後的普賢行，不是果前的。《華嚴經》有〈普賢行品〉，那是果前的普賢；果後的普賢，就是〈普賢行願品〉。《華嚴經》〈普賢行願品〉，普賢菩薩叫善財童子要認識佛的功德，說佛的功德是說不盡的；無量諸佛無量劫說，說佛的功德都說不盡。怎麼樣能入呢？說十大願王，「一者禮敬諸佛，乃至十者普皆迴向。」這就是果後行因，果後的菩提。所以證明菩薩所證得的法，所經歷的次第不一樣。

我們再舉個淺顯的例子。我們大家都想發財，有的做建築，有的開餐廳，分門別類，不管你從哪門入手，目的是發財，發了財就對了。修不好，不精進，你做的事業賠本，那就是不精進的表現；不是運氣不好，說你沒那個因，說那果圓不到。想發財，但是沒種那個發財的福，你幹什麼事也發不了財，這給你斷定了。若你修因的時候，不好好的修行，不踏實的修行，盡想找竅門，求神通，求感應，結果神通也沒得到，錢也花了，之後還入了外道，所以要老老實實的學，老老實實的修，就對了。

還有佛的教法，所施化的方法、法門不同。像最初教導那些比丘，多偏於事，持戒全是事，你只在事不犯就可以了；沒有講理，也沒有講圓融，說犯了一戒就遍滿一切了，這個戒得用法界懺，那是《華嚴經》的意思。就是在他所施設的教化當中，有理有事。有行布當中，事是事，理是理；在圓融當中，理即是事，事即是理。階位不同。在理上不錯，是這麼回事；在事上，絕對不可以。這叫理跟事所施的法門不同，大家應當能懂得這個道理。

我們從事上來理解，在我們修行的時候也如是，修觀的時候也如是。當你坐那兒修的時候，觀相應了，入了定了，好像解脫了。等一出了定，你在歷事的時候，神通沒有了，那就不行了。還有你到某一個位置說某一個位置的話，三賢位絕不能說十地的話，十地的菩薩一地跟一地都不同，「後後知於前前，前前不能明於後後。」相差一位，你都不知道。所以，六位的菩薩—信、住、行、向、地、等妙二覺，各個地的菩薩都不一樣。而且在這個華嚴法會所來的菩薩，及各個世界的差別大眾，這裡頭有果後行因的，也有登地的菩薩，也有三賢位的菩薩，也有初發菩提心的菩薩。

因爲機不同，佛所施的教化、所施設的法門，純理的法門，純講空義的法們；說事的法門，例如戒律，純講事的法門。所以在小、中、大三乘的菩薩，他所得的果也不同了。每部經，佛都囑託一些大心的菩薩，或者一些阿羅漢，去流通，三乘的各個有所不同。這在〈華嚴合論〉裡頭解釋得很多。不論在清涼國師的〈疏鈔〉，李長者的〈合論〉，乃至於道霈禪師的〈纂要〉，《華嚴經》各個單行本的著作也很多。你想要廣泛學習，就多看看這些書。如果入到經文，就知道得更多了，把行布、圓融的意思理解之後，就能更一步的了解了。

現在從理事無礙、事事無礙，理法界、事法界，乃至十玄門、六相，大體簡略的這樣子說一下。爲什麼呢？爲了將來學經的時候沒有窒礙。不通的時候，就把十玄門拿出來研究一下，你自己就可以理解。事上不通，理上通了。理能容於事，事也就通了。事成於理，事也就通了，理也就通了。

**評曰：**疏論發明經中圓義。最爲詳盡。不能具引。有志入斯廣大法門者。宜博覽深思焉。

## 六所被之機

**疏：**夫教因機顯。離機無言。上說義理宏深。未委被何根器。若明能應者。十身圓音。今直彰所被。通有十類。前五揀非器。後五彰所爲。前中一無信非器。以聞生誹謗。墮惡道故。二違眞非器。依傍此經以求名利。不淨說法。集邪善故。三乖實非器。謂如言取文。超情至理不入心故。上三皆是凡愚。故下文云。此經不入餘衆生手。四狹劣非器。謂一切二乘。出現品云。一切二乘。不聞此經。何況受持。故雖在座。如聾如瞽。

五守權非器。謂三乘共教諸菩薩等。隨宗所修行布行位。不信圓融具德之法。故下經云。設有菩薩。無量億那由他劫行六波羅蜜。不聞此經。或時聞已。不信不解。不順不入。不得名爲眞實菩薩故。後五顯所爲中。一正爲。謂是一乘圓機。故出現品云。此經不爲餘衆生說。即通指前五。唯爲大乘不思議乘菩薩說。即正爲之機。謂一運一切運・圓融行位・即深不思議。又能遍達諸教・即廣不思議。故文云。非餘境界之所知。普賢行人方得入等。二兼爲。謂即時雖未能悟入。而能信向成種。如出現品食金剛喻。故地獄天子。十地頓超。大海劫火・不能爲障。約未悟入・故名爲兼。三引爲。即前權教菩薩。不受圓融之法故。十地之中寄位顯勝。借其三乘行布之名。彼謂同于我法。後因熏習。方信入圓融。以離此普法・無所歸故。權教極果。無實事故。四者權爲。即是二乘。謂既不聞・況于受持。故諸菩薩權示聲聞。或在法會而盲聾。彰其絕分。或示在道而啓悟。知可迴心。五遠爲。謂諸凡夫・外道・闡提・悉有佛性。今雖不信。後必當人。故出現品云。如來智慧大藥王樹。唯除二處・不能爲作生長利益。所謂二乘。墮無爲坑。及壞善根非器衆生。溺大邪見

**貪愛之水。然亦于彼．曾無厭捨。前三非器．是溺邪見。第四非器．是墮深坑。故皆揀之。今四及五．明佛無厭捨。故示而誘之．熏其成種。又彼品中。明不信毀謗。亦種善根。謂謗雖墮惡。由聞歷耳。終醒悟故。又云。如日亦與生盲作利益故。又如大海潛流喻中。明無不具有如來智慧故。又破塵出經卷喻中。若除妄想。皆見佛智故。此皆明有自性住性。即是所爲。況法性圓融。感應交徹。無有一法而非所被。**

《華嚴經》加被哪些人呢？加被哪一些根機眾生？佛所說的一切法，都是依眾生的根機來顯的。是什麼機，他就領略什麼法。要是離開了眾生，離開機了，就沒法再說。無機者，法不能立，是應機而說法，應眾生的根機來設立教。

這種道理非常的深遠，非常的宏大。究竟對什麼根機說的呢？若明能應者，感是我們求，應者是教—佛所施的教義，佛所施的教義都加被。

人云亦云所說話，眾生隨類各得解。佛說的是圓滿義，佛的語言是圓音。什麼叫圓音呢？華人聽到佛說華語，西班牙人聽到佛說西班牙語，英語系人聽到佛說英語，天人聽到佛說天語。廣東就有好多種話，福建就有好多種話，從福州到廈門，中間經過泉州、惠安，乃至於蒲田，一個地方是一個地方的話。佛說法，蒲田人聽到佛說的是蒲田語言，這才叫圓音。我們看法會大眾，無邊的世界來的，乃至天龍、八部鬼神眾，要找些翻譯恐怕沒辦法翻了，要好多翻譯啊。那叫圓音，眾生隨類各得解。

但是有些人把佛說的圓滿教，只理解成了生死，那就不夠完整。佛說的是究竟佛說《華嚴經》是加被哪一類的眾生？總的說來有十類。前五種不是圓滿的頓教，他理解為漸教，這就叫「義理宏深」，涵義很深遠。

法器，不是《華嚴經》所加被的對象。「後五彰所為」，「彰所為」就是正是對這一類機說的法。

第一種，「無信非器」。不信，不是法器，不是《華嚴經》的根器。他不信，怎麼能入？不但不信，聞了還生謗毀。他認為《華嚴經》是小說，跟金庸所寫的劍俠傳差不多，那就生謗毀了，這就有罪了，會下地獄的，要墮惡道的，這一類就不是華嚴根機的法器。

第二種，「違眞非器」。不信一眞法界，不信自己的眞心，不信自己就是毗盧遮那佛。上次我給大家講到，你要學《華嚴經》，一定先信自己就是毗盧遮那佛，不過是沒有修證，被一切的污垢障染而不能夠證得；但是這個信心必須得具足，要是不具足，你沒辦法學《華嚴經》。所以那就是非器了。「違眞非器」，違背了你自己的眞性－一眞法界，就不是此經的根器。

「依傍此經」，不但對這部經不信，還要生毀謗。或是依賴著《華嚴經》，人家說滾大邊，或者靠著有錢的，自己也能沾點光，就是那個意思。他依傍著《華嚴經》，求名利。名，演說大法，「我學《華嚴經》！」這就是名，「大根器的人」－爲得這個好名。利，人家供養我們，自認爲讀《阿含經》的不如讀《華嚴經》的功德大，讀《般若經》的也不如讀《華嚴經》大啊。這就是讀《華嚴經》爲了名、爲了利，這樣子不是此經的法器。爲什麼呢？不淨說法，爲名利故。爲名利就是不清淨，就是有污染。

「集邪善故」，對於邪善還要揀別，大家一定注意。什麼叫邪善？《華嚴經》說，凡是不信自己是毗盧遮那佛，所做的一切善業都是「邪善」。我們前面講了，不能入法界都叫「邪善」。我們持五戒的功德，持十善的功德，受比丘戒的功德，以這個心情來讀《華嚴經》，這叫「邪善」。不正知，不過僅在《華嚴經》說「邪善」。一般的說，不是正知正見。像爲了求名利，這種就不是正知正見。要學《華嚴經》，不要求名利。連二乘，連權教的大乘，他都放棄了，都叫邪見。在圓滿究竟一乘來說，都是邪見。

「邪善」跟下地獄的邪是有所區別的。「唯此一事實，餘二則非眞。」都叫邪，就是這一件事情。要這麼解釋邪見。這跟說你所具足的一切其它的善業，都不合乎華嚴的要求，因此而說邪，是有所區別的。不可以說行十善業，受三皈五戒，都叫邪知邪見了。

第三種，「乖實非器」。實就是理實法界，也就是我們講的實際理地，有的翻作「實理」，這部經都叫「理實」。這個一眞法界之理，這就是實相，若違背了，就不是持《華嚴經》的根器，「乖實非器」。

「如言取文」，這更要注意了。因爲這文的意思，來取這部經的意思，錯了。「但有言說，都無實義。」這部經叫什麼經呢？《不思議大方廣佛華嚴經》。入不思議境界，議是言語，思是思惟，凡是有言語的思惟，都不能入實際理地。

這部經離一切的情識，超一切的情識，而至於理。必須心要契合一眞法界，這個實相的理體要入於心，要是不入心都是錯誤的。所以這些都非法器。

「此經不入餘眾生手。」這部經，其他的眾生得不到的。廣義來說，連《大方廣佛華嚴經》的經名都聽不到的。聽到了，而不生謗毀的，而能夠進入的，這個眾生才能入。如果很狹隘的，很狹小的心量，不稱性而發大菩提心的，都不是華嚴的根器。

第四種，「狹劣非器」。「一切二乘」，專指二乘的，「一切二乘不聞此經。」這在本經的〈如來出現品〉裡頭說，「一切二乘」聽不見這部經。連聽都聽不見，他怎麼能受持呢？但是在華嚴法會當中，他也在座，也參加了，但是如聾、如瞽，瞽是看不見，聾是聽不見。

第五種，「守權非器」。守權教的菩薩也非根器，就是不能圓融無礙。他一個階梯一個階梯，歷三大阿僧祇劫這樣修行，這不是《華嚴經》的根器。就是三乘共教，小、中、大三乘共教，因爲他隨自己所宗的宗趣來修行布的次位，不信圓融具德之法；像是「一即一切，一切即一」，「小大相容」，「圓融無礙」，他不信。

假設有的菩薩，無量億那由他劫，行六波羅蜜，不聞此經，或時聞不解，不順不入。行無量劫那麼長的時間，行六波羅蜜，這是權乘的菩薩，也不能得聞《華嚴經》；或者是聞到了，不能理解圓融無礙的意思，這是不解；不能隨順《華嚴經》而入法界，就是「不順不入」。「不得名爲眞實菩薩故」。

以上這五種都不是華嚴的根器。

以下，顯示華嚴根器。

第一種，「正爲」。爲哪一類眾生呢？「一乘圓機」，就是信一眞法界的。故〈如來出現品〉云：「此經不爲餘眾生說。」不爲前面的五類眾生說；「唯爲大乘不思議乘菩薩說。」這是正爲之機，專爲這不思議乘菩薩而說《華嚴經》。謂一運一切運，圓融行布，即是深不思議。這部《華嚴經》，龍樹菩薩說是《大不思議經》。「唯爲大乘不思議菩薩說」，這就是正爲之機。

一切教義，我們所選擇的，遍達諸教。在這種菩薩，他所學的法，沒有什麼大小，他不起分別的。像苦、集、滅、道，十二因緣，六度萬行，他都能夠容攝，都應當通達；乃至人間的星象、法術，世間的典籍，都應當通達。這是廣不可思議，就是妙用無方。

此經不是其它境界的人能夠知道的，唯有行普賢行方得入。如果我們入不進去，多讀讀〈普賢行願品〉。如果沒有行，我讀懂，發願行；讀上十年、二十年的，你對《華嚴經》就漸漸能入了，信得及了，起碼要讀二十年。等你讀了二十年了，《華嚴經》的意思，不需要誰跟你講，你自己就會懂得了。懂得了並不代表你能解脫，懂得了還得修行。你的心必須跟普賢菩薩的行願，相融合在一起，圓融無礙了，這才眞是圓機的菩薩。

你一定要懂得，我們現在講的七處九會，我一再的說，是頓說的，不是菩提場說完了，再到普光明殿說；說了普光明殿，起了又走了，走了又回來說。不是這樣，其實是頓演，七處九會，一時間頓演了，這就圓融無礙，這才能入。正爲，是行普賢行的人才能入。

第二種，「兼爲」。雖現時他不能悟入，但是他信這個不思議，就這個信變成了他的種子，華嚴大法的種子，爾後這個種子要生現行。

〈如來出現品〉說，就像吃了金剛似的，不會消化得了，胃是消化不了金剛的。所以在經文裡頭講：「地獄天子，十地頓超。」在地獄裡頭，一下子頓超十地；「大海劫火，不能爲障。」劫火動的時候，也不能給他障礙，他通行無阻。因爲他還沒證入，還沒悟入，所以就「兼爲」，故名「兼爲」。

〈十地品〉偈子這麼說：「雖在海水劫火中，堪受此法必得聞。」雖然在地獄，或者在餓鬼道，或者在劫火之中，受苦難的時候，他能聞到此法，一聞就能深入。

第三種，「引爲」。什麼叫引爲呢？就是前面說的那個不是當機，不是給他們說的，但是可給他做個將來的引導。就是權教的菩薩，沒有受圓融的法，但是有些大菩薩寄到三乘當中顯殊勝，在十地之中寄位顯殊勝。「借其三乘行布之名，彼謂同于我法，後因熏習，方信入圓融。」是先令入佛道，要以欲鉤牽；佛教不是教導我們，要想引導他入門，你先得用五欲境界來勾引，使他漸漸的能入了，信入之後，他自然能斷五欲了，是比喻的意思。最初他不能信，不能信就漸漸的引導他信、引他信。

「熏習」，讀過〈大乘起信論〉的道友就知道。以前我有一位老師，在西藏求過法，就是能海法師。我到了拉薩，想修習好多的密法，可是有許多障礙。他說慢慢學習，漸漸就能入。〈大乘起信論〉就是二種學習，從染用淨法來學習，就是熏染變成淨。如果是遇上惡友，會從淨變染，越陷越深。本來他不吸毒的，周圍的盡是吸毒朋友，漸漸漸漸他也吸毒了，這也是「熏」，本來他不信圓滿一乘，因爲有大乘經典熏習，有《華嚴經》的熏習，有道友們共同的學習，漸漸的學習，他信了，信了圓融的法。因爲最後都得歸入此法界，若離開此佛法，無所歸故，最後都得歸入一眞法界。

「權教極果，無實事故。」沒入理實法界之前，權教成的果位，不是究竟的。我們前面講過了，《華嚴經》的十住信心滿心，初發心住，就能示現八相成道。但是他那個不是眞實的，這是大教的熏習力故，諸佛菩薩加持力故，所以他能夠示現度化眾生；那是權教的極果，沒有實事的。

第四種，「權爲」。即是二乘，他既不聞，也不能受持。像普賢菩薩、文殊師利菩薩，他也示現聲聞，權示聲聞，跟他同類，來漸漸熏習他，漸漸引導他，後來他也信了。或者再給他示現覺悟，菩薩的大悲心，像觀世音菩薩、地藏菩薩都是這樣的，之後迴向。這一種叫「權爲」。

第五種，「遠爲」。對一切的凡夫、外道、闡提，闡提又翻「信不具」，對佛教沒有信心，但是他有種子，都有佛性，一切眾生跟佛都無二無別的。有佛性故，熏習讓他那個種子發芽；雖然他現在不信，後必當入。只要是你給他念《大方廣佛華嚴經》的名字，即使他謗毀，但是他聞到這個名字了，就結了因緣。

所以在〈如來出現品〉說：「如來智慧大藥王樹，唯除二處，不能爲作生長利益。」「所謂二乘墮無爲坑，及壞善根非器眾生。」二乘入了禪定之後，他認爲他入了涅槃了，「無爲」，他這個「無爲」不是眞正「無爲」，不是一眞法界的無爲。還有壞了善根的，一點善根都沒有，這些不是根器的眾生。還有信大邪見，信貪愛。諸大菩薩要是不把這些眾生包括在內，那就不圓了，還有一類眾生不能成佛嗎？於彼無厭捨，不捨離他們。

前三種不是法器，是溺諸邪見的；第四種非器，是墮深坑的。所以揀別他們的時候，第四跟第五，「明佛無厭捨」，說佛對他們也不捨棄，而是慢慢的誘導他、熏習他，讓他成圓融的種子。

又在〈如來出現品〉，明那個不信的、謗毀的，也種了善根。他必須得聽到《華嚴經》才謗毀，要是聽到了才謗毀的，也種了善根了。雖然是謗毀要墮惡道，由他一歷耳根，終成道種，他總有醒悟的時候。

像盲人雖然生來就瞎，沒看見過太陽，但是太陽的溫度、熱能，還是加持到他了，還是得到溫暖了，所以也有利益。像大海水潛入地下，地下到處都有水，挖下去就有水，就是潛流的意思。眾生的佛性都是具足的，將來總能成佛，所以不要輕視一個眾生。

「破塵出經卷喻中，若除妄想，皆見佛智。」若把妄想除掉了，就是佛的智慧。因一切眾生都有佛性，若住在性上，那就是所為，就是為一切智上說《華嚴經》。「況法性圓融，感應交徹，無有一法，而非所被。」先揀後攝，先是揀別這些個不是根器，後來又攝回來。這些眾生雖然不是根器，在成佛的時間上長遠一點，終究能夠成佛，只要他接近，就能有一個因緣。

這個「所被之機」，就是說這部經—《大方廣佛華嚴經》，加持哪一些人呢？最後的總結說，沒有一眾生不受得利益的，也就是加持一切眾生。不過中間有隔著時間很久的，像信不具就是一種，還有一種不但不信還要謗毀的；可是終有醒悟的時候，因爲這部經的種子種下去，他有醒悟的時候，他也種了善根了。就是一切眾生都得益，清涼國師是做這樣的解釋。

**論：**此經法門付囑何人者。謂付囑大心凡夫。如來出現品云。佛子。此經珍寶。不入一切餘眾生手。唯除如來法王眞子。生如來家・種如來相諸善根者。佛子。若無此等佛之眞子。如是法門・不久散滅。何以故。一切二乘・不聞此經。何況受持。讀誦。書寫。分別解說。唯諸菩薩。乃能如是。解云。生如來家者。自覺自身法身根本智。與佛眞性。性相平等。同無性味。混然法界・自他情盡。唯佛智慧・明徹十方。無性無依・無生死性。名爲生在佛家。以自體無作平等悲智力故。紹隆正法。統治眾生。隨所應作・以法調伏。令諸眾生。差生死業。所有一切安樂之法。

皆悉樂之。是則名爲持佛家法。又云。種如來相諸善根者。解云。證佛法身．性同法界。同佛悲智。如是信修。理事不殊。性相平等。如是學者。種如來相。同佛善根。不同權教。付囑三乘聲聞菩薩。又三乘之教。多付囑諸聖。及未生佛家諸凡夫。此經付囑最上大心凡夫。唯求如來不思議乘生佛家者。若無大心凡夫。此經當滅。何以故。爲此經難信。設有聖說。凡夫不信不證。此經當滅。若聖位菩薩。有一切佛世界微塵數。如來何慮此經散滅。當知如來意者。令諸大心凡夫而起信修。得生佛家。不念已齊佛位諸菩薩眾。諸有行者。應如是知。

方山長者李通玄，他的解釋是從囑託方面來解釋的。他說其它的經文都是囑付一些聖人，是大菩薩、阿羅漢，以他的神通力，以他的智願力，以他的智慧，使這部經能廣爲流傳。例如《地藏經》，《地藏經》除了釋迦牟尼佛囑託地藏菩薩去流傳以外，還特別囑託觀世音菩薩去流傳，大家讀誦《地藏經》的道友可能都知道。但是《華嚴經》就不是這樣子了，《華嚴經》囑託什麼人來流傳呢？「大心凡夫」。「大心凡夫」就指我們這些人，我們都是凡夫。但是心量大，發的是弘揚《華嚴經》的心，這叫「大心凡夫」。我們一般說發菩提心，層次很多，但是這裡指的是弘揚《華嚴經》，得有這種根器的人。

所以在〈如來出現品〉，李長者引〈如來出現品〉的經文說：「佛子啊！此經是不可思議的珍寶，不入一切餘眾生手。」能入於哪個眾生手呢？「唯除如來法王眞子」，就是佛眞正的兒子，就是法子。什麼樣才算是法子呢？「生如來家，種如來相，諸善根者。」假使說沒有佛的眞子，《華嚴經》法門不久就散滅了，就沒有了。

爲什麼這樣說呢？「何以故」。爲什麼說《大方廣佛華嚴經》要大心的眾生來住持它、弘揚它？原因是，「一切二乘不聞此經。」他連聽都聽不到，又怎麼能受持，又怎麼能讀誦，又怎麼能書寫，又怎麼能去給人家解說呢！只有菩薩才能如是。

什麼叫「生如來家」？我們每個人都是如來，上次我跟大家說相信自己，相信自己就是毗盧遮那佛。相信不行，還得要理解，還得要發大心。你自己覺得的，明白你自己自身的法身根本智，跟佛所證得的眞心、眞性，乃至於此經的一眞法界，平等平等；要信，要想做平等。

是種什麼味道呢？是無性。眞性無性，眞性無體，實相無相。混然一眞法界，就是法界性。我以前講過，再重複一下。法是一切諸法，包括心法、色法一切諸法，色心二法、身心諸法。界就是生長，能生長一切法。一眞法界能生長一切諸法，所以就叫法界。

若自若他，沒有情識，情都盡了，唯有佛的智慧，明徹十方。這個智慧，不是有個什麼相，有什麼所依的。「無性無依」是指著生死性說的，沒有生死性，所以說「無性無依」，就叫「生在佛家」，生如來家。

因爲自體是無作的，無作是沒有作意，沒有點修爲，本具如來，跟佛無二無別的。平等的悲智，諸佛與眾生的平等是性具的平等，如果再信仰，再由他發心，再讀誦了華嚴不思議經典，他能夠因此住持正法，能夠弘揚《華嚴經》，就是這個涵義。

因爲能令一切眾生，知道眾生怎麼樣能得度，他就怎麼樣做。這就是緣起，緣起是因為眾生的緣，而生起的一切諸法。這是淨法，用淨法調伏他那個染法，叫還染成淨，令這眾生能再不造生死業了。這個「差」字就是好的意思，能夠了脫生死業了；就是有病，好了、癒了，當作病癒的「癒」字講的。所說一切諸法都是寂滅、寂靜、安樂、不思議之法，讓一切眾生都欣樂這些法，這叫「持佛家法」。

我們說佛的法，是規範眾生的；一切經論都是這樣說，規範、悟解、任持、自性。依著佛所教導的菩提道去走，使他自己的眞性能夠顯現，這叫「持佛家法」。

種如來的一切相，什麼相呢？一切善根相，就是無量性功德。「證佛法身，性同法界。」證到法身了，那個體，跟法界是相等的，跟佛的悲智也相等。這樣的信，這樣的來理解，這樣的起修，知道事和理是無礙的，理容於事，就是成事之理，事容於理，就是事即是理，性跟相是平等的。這個性就是大，相就是方，所以性相平等的。

在三乘教的經典，都囑託一切諸聖人，或者是沒有生佛家的，不是佛眞子的那些凡夫。那跟這部經所付託的不同。這經文裡都有，每一品裡都有。所以這部經付囑的是最上的「大心凡夫」，這些凡夫雖然是凡夫，但是他的心量特別大，他只求如來不思議乘，他只求《華嚴經》—《不思議經》，《不思議經》就是不思議乘，乃至說個「乘」都是有次第的。「生佛家者」就是這樣的涵義。

假使說這種大心的眾生，這些凡夫沒有了，這部經也就沒有了，「此經當滅」。何以故？因爲這部經是難信的，沒有聖者說，凡夫是不容易信、不容易證得的。我們這樣說，是假佛說的，我只是代言人而已，我不是聖者，別搞錯了。我說聖者說，你們以爲我是聖者，我可不是，我沒有那個德；若是有，是諸佛加持的。因爲凡夫，他不信，他連信都不信，又怎麼能證得呢？所以，這部經就要滅了。而大心的人，他不但信，而且能修。修有幾種，讀誦、受持、解說、觀想、思惟，漸漸就能契入。

釋迦牟尼佛在《華嚴經》的會上，這些大菩薩好多啊，有一佛剎的微塵世界那麼多。佛用不著憂慮，這部經怎麼會散滅。《華嚴經》裡那麼多的無窮無盡的大菩薩，都來護持這部經。李長者不是這個意思，如來的意思，是令大心凡夫信而起修，能信能修。要思自己即是毗盧遮那佛，雖然現在你只是初發意，未齊佛等。「初發心時成正覺，如是二心初心難。」初發心不容易，要能信自己，說自己是佛。

我們一般人對任何一位和尚說：「啊！你就是釋迦牟尼佛。」頂禮了：「你是佛。」沒有一位和尚敢承擔的。好的和尚，他不發脾氣；不好的，跟你發一頓脾氣。其實並不是這個涵義。你要相信，這是在理上說，大方廣人人本具。佛是已成佛，我們是未成之佛，應當這樣的來理解。

如來爲什麼把這部經囑託「大心凡夫」呢？讓他信而起修，讓他相信自己不久即成佛位。所以是發菩提心的，發大心的人，這些菩薩眾是指什麼人說的呢？就是我們現在在會大眾都是菩薩。如果你自己都還相信自己是毗盧遮那佛，何況是菩薩！發心了就是菩薩。你這個時候發心念《華嚴經》，這個時候就是華嚴菩薩；你不念了，你就不是了，因爲你沒證得，進進退退、退退進進。隨你拈《華嚴經》的哪一品、哪一分，都可以。要是有修行的人，你應當這樣理解，開這樣的智慧，思想要隨時這樣觀照自己，讓你剎塵的心念，念念都是大方廣，這是佛的眞義。

**評曰：**疏明所被之機十類。前五揀非器。後五彰所爲。而所爲之中。其引爲。權爲。遠爲。皆前之所揀。一切收盡·更無遺餘。可見此法門·無一人而非其所被。廣大無盡·不可思議。論中則謂此經不付囑入聖位諸菩薩。唯付囑最上大心凡夫。求如來不思議乘生佛家者。若無大心凡夫。此經當滅。此言尤爲痛切。有志入圓頓法門者。應如是知。如是擔荷。不然。則雖終日讀誦。與在座聾瞽者。何以異乎。

清涼國師跟方山長者所論證的「所被之機」，道霈禪師認爲他們所說的都很正確。他說，清涼國師把它分爲十類，前五是非器，後五就是正加被的。但是在「所爲」當中，在「權爲」當中，在「遠爲」當中，把前面所講的又收回來了，不過是他們久一點。所以對一切眾生，都是攝入不可思議當中。

〈合論〉是從另一個方面，說這部經不囑託諸位聖人，不囑託諸位大菩薩，要囑託給一切的凡夫。意思就要凡夫荷擔得起，荷擔起承受弘揚《大方廣佛華嚴經》。如果沒有這個願心，沒有這個志願，你天天念《大方廣佛華嚴經》，效果也不大；必須得有這個志願，效果就大了。你念經的時候，就入到經裡，跟佛齊等，跟諸大菩薩齊等；如果你沒有這樣觀想，你念也等於沒有念，聽了等於沒有聽，跟聾子、瞎子沒有什麼差別。

要知道這種意思，讓你一定要依照《華嚴經》的觀行來起修。如果感覺你自己智力差，你就從〈淨行品〉下手，你見什麼發什麼願，見什麼「當願眾生」，就叫「善用其心」，就是用華嚴的境界來調攝你的身心；這就是〈淨行品〉的文殊菩薩告訴智首菩薩說：「善用其心。」如果你更深入了，你觀想著《華嚴經》講的眞空絕相。因爲無一切相，而能成一切法。眞空絕相是純理性的，而後理事無礙，完了周遍含容，你就一步一步修。

這部經的涵義，在前面的懸示中，我們大致這麼簡略說一下。一萬分，我連一分也說不到。只是從〈合論〉，從〈疏鈔〉，從〈纂要〉，片段的摘錄一些。因爲《華嚴經》經常講十玄門、六相，每一品裡頭都具足這些涵義。你會用這個涵義，用這個方式，你去看那部經，比較容易進入一些。

## 釋經題

大方廣佛華嚴經

**疏：**釋此經題．先略後廣。略中此七字有六對。一經字是教。上六是義。即教義一對。二嚴字是總。上五是別。即總別一對。三華爲能嚴。上四皆所嚴。即能所一對。四佛是所嚴所成之人。上三皆所嚴之法。即人法一對。五廣者是用。上二皆體。即體用一對。六方者是相。大者是性。即性相一對。故此七字。即七大性。大者．體大。方者．相大。廣者．用大。佛者．果大。華者．因大。嚴者．智大。經者．教大。則七字皆大。七字皆相等。今各以二義釋之。一大字體大者。具常遍二義。遍者。涅槃云。所言大者。其性廣博．猶如虛空。下經云。法性遍在一切處。一切衆生及國土。三世悉在無有餘。亦無形相而可得。常者。涅槃云。所言大者。

名之爲常。下經云。法性無作無變易。猶如虛空本清淨。諸佛境界亦如是。體性非性離有無。然淵府不可以擬其深妙。故寄大以目之。實則言思斯絕。故下經云。法性不在於言論。無說離說恆寂滅。諸佛境界不可量。爲悟衆生今略說。

二方字相大者。體上恆沙性德。即是相大。具正法二義。並無偏僞。故稱爲正。皆可軌持。目之爲法。故下經云。凡夫無覺解。佛令住正法。諸法無所住。悟此見自身。

三廣字用大者。用如體故。無不周遍。然亦二義。由體有二義故。一者能包。二者能遍。故下經云。譬如虛空。具含衆像。於諸境界。無所分別。又如虛空。普遍一切。於諸國土。平等隨入。今用稱體。一稱體之包。則一塵受世界之無邊。二稱體之遍。則剎那彌法界而無盡。上之三字。即體。相。用。無有障礙。爲所證之法界也。

四佛字果大者。亦有二義。一者能覺。佛陀梵言。此云覺者故。二者所覺。即大方廣。若別說者。覺上用者。覺世諦也。覺上體者。覺眞諦也。覺上相者。覺中道也。三諦相融。三覺無礙。爲妙覺也。

五華字因大者。亦有二義。一感果華。喻於萬行成佛果故。或與果俱。或不與俱。俱如蓮華．表因果交徹故。不俱如桃李華。不壞先因後果故。二嚴身華。喻於神通衆相等。必與位果俱故。故下經云。若見花開。當願衆生。神通等法。如花開敷。若見樹花。當願衆生。衆相如華。具三十二。

六嚴字智大者。亦二義。一以萬行飾其本體．即嚴上大方廣。如瑩明鏡。鏡雖本淨．非瑩不明。二以萬行功德．成佛果之人。若琢玉成像。又飾本體．如鑄金成像。以行成人．如巧匠成像。七經字教大者。亦二義。謂貫與攝。貫者。貫華嚴之妙義。攝者。攝法界之海衆也。

七釋經十義。一涌泉。二出生。三顯示。四繩墨。五結鬘。六攝持。七常。八法。九徑。十典。

我們現在講講這部經的經題，也就是《大方廣佛華嚴經》。單是這部經的名字，就說明這一部經的大意。若能反覆的理解這個題目，能夠進入了，你就懂得一些《華嚴經》大體的意思。

我看大家聽了七、八座了，從聽經的精進程度來看，好像還可以進入，比我還強。我最初學的時候，大概有八、九個月，如聾如瞽，眼睛也沒看見，耳朵也沒聽到，不知道說些什麼。

我深深感覺到，這部經很不容易聽懂。那個時候，第一個我語言不懂，第二個我的程度特差，沒有佛學知識，聽起來簡直不知道是什麼。現在大家都比我強，也說明大家的善根比我大一些。不過現在又差一點了，因爲你們得聽我講經，是這樣子的，可以平等平等，這部經到處都講平等。

這七個字，我們先簡略的說一說，最後，再詳細的說一說。

「經」，一切的經是通名。這部經叫《大方廣佛華嚴經》，那部經叫《法華經》、《般若經》、《地藏經》，但是經都是通的。「經」的意思就是佛所教導我們的一切的言教，就是教。教什麼呢？教的義理是什麼呢？就是「大方廣佛華嚴」，這就是這部經的義理。

「嚴」，就是「果」，「果」是總說。「大方廣佛華」是別說，「嚴」是總說，「經」是教，「大方廣佛華嚴」就是義，「華」就是「因」。用這個「因」

來莊嚴「大方廣佛」，「大方廣佛」就是「因」這個因而成就的，來莊嚴的。「華」就是能莊嚴的，「大方廣佛」就是所莊嚴的。

我剛才說的是相對法。如果你配對的話，「經」一字就是所教的言教，「大方廣佛華嚴」就是所教的義理，就是「教義」。我們前面懸談講過十對，《華嚴經》裡到處都要配對的，相對法。

「嚴」，就是總，「大方廣佛華」，就是別，就是總別。「華」又是能嚴，「大方廣佛」就是所嚴，就是能所。「佛」是所成就的人，「大方廣」是指法說的，這就是人和法。「廣」是用，「大方」就是體，這就是體用。又者，「方」是相，「大」是性，這是性相。

這七個字只能有六對，我們以下再加以廣泛的解釋。我們先從下到上，再從上到下。

第一是「大」，指著「體」說的，「方」指著「相」說的，「廣」指著「用」說的。這裡所說的「大」字，「體大」。「體大」有兩種涵義，一種是常義，一種是遍義。常，就是永遠如是，但是這裡都是絕對的。我剛才上來講「大方廣」，是絕對的。配對的是相對的，不是絕對的，無對待的對。這個「體大」不是對小而說的。舉一個微塵，微塵就是「體大」。微塵是極小了，比什麼都小，但是在這裏，它是大，要這樣來定義體、相、用這三大。

一眞法界是說常，也是對待法的。因爲我們看一切都無常，可是這個法都不是的，永遠如是。常義、遍義，遍就是遍滿一切處。因爲它本身沒有形相的，無形相是常，是不可說、不可思議的常；遍，遍一切處，像虛空似的，沒有形相可得的。

在其它的經論也這樣說，在《涅槃經》說「大」字就是常義，直接說是常。在《華嚴經》經文：「法性無作無變易。」這「大」就是法性，就是體性。無作，不假造作。因爲不假造作，它就不會變遷，不會變易，不會遷流變易的。

拿什麼來比方這種意思呢？猶如虛空。虛空就是常的，是無變易的，是清淨的，因爲虛空本來永遠是清淨的。不論用什麼來染污，也染污不到虛空。說諸佛境界亦如是，一切諸佛境界就用虛空這樣顯示。

這個「大」—體性，說有，不可以；說無，也不可以；乃至於非有非無、亦有亦無，都不可以。叫「離四句、絕百非」。就是龍樹菩薩說的「大不可思議」，所以無以名之，就假個「大」，來表法的。實際上你用言語形容，形容不出來；就是沒有言語的路子，言語道斷。思惟也不可以說，也就是沒有思惟的路。言思所不及，所以叫《大不思議經》。「議」就是言論，「思」就是思想、思惟、觀想的意思。

《華嚴經》這一類的語言特別多。所以法性不是用言論，用說是離說，或者用寂滅，都不可以。所以，常就是恆寂滅，恆寂滅就是常義。但是這樣說還不是很好，不過，不用語言顯言，又怎麼能夠表達呢？怎麼能入呢？因此，這些言語隨說隨遣。這是說「體大」。

第二是「方」，是指著「相」說的。這個「相」是什麼？這個「相」就是「體」上所具的無量性功德。「體」本具足的，這個叫性功德，不是假修爲的；當你成就的時候，就顯出來了。具足一個正、一個法，這就是「相」。這個「相」，不偏不倚，就是正，很端正的意思，偏了就不正了。這個法是指著什麼呢？是言教當中所說的一切話，顯示給我們，使我們能夠生覺悟。本來是離開言說的，但沒有言說，你要怎麼能夠悟入呢！所以假言說以顯言，就是以言遣言。

所以這個法是使你能夠悟解，悟解了，這個法也就沒有了。所以《金剛經》說：「知我說法，如筏諭者，法尚應捨，何況非法？」一切法都如是的。這個「相」是個什麼樣的「相」呢？簡單說就是無相的「相」。

〈菩薩問明品〉裡頭有「凡夫無覺解，佛令住正法。」下一句就說「諸法無所住。」所住的是無所住的住，一有住，就有著了。能要是開悟了，「悟此見自身。」要是悟到這種道理了，你就見到自己的法性了。這個「相」就是這樣一個「相」。

因爲在「體」上，是周遍的，是含容的。這個「相」，也是周遍的，也是含容的。「體」無不遍故，「相」有無處不遍，其實這個「相」即是「體」之「相」。

第三是「廣」，是「用」。這三個字本來叫「自體相用」，我們跟諸佛無差無別的，這是我們自己本有的，但是我們不能顯現，迷失了。廣是「用大」。「用」是什麼「用」呢？「用」是即「體」之「用」，體相無不周遍故，「用」也無不周遍。所以，要明白「用」字跟我們現在所用的，都是不可思議的。其實我們每個人的作意，每個人的念，每個人的作用，要歸於性體上去，都是不可思議的。因爲「大」、「方」周遍，「廣」也是周遍的。由於「體」的關係，這個「用」也是能遍一切的。

拿虛空來比喻，虛空之內含有一切的諸相。這一切諸相普遍一切，普遍於國度，平等能夠進入，「用」是成「體」之「用」。「體」無不包故，「用」也無有不包，這是妙用。諸佛都有這種妙用，沒有區別。但是有時候又有區別，有時候這個佛是化身，那個佛是報身，要這樣來區別。如果都是報身佛，就沒有區別了。法身，連眾生都沒差別，何況諸佛與諸佛之間。

爲什麼釋迦牟尼佛在娑婆世界，阿彌陀佛在極樂世界，東方藥師佛在琉璃世界，好像不同啊？這是因爲他的化身。他的化身是隨緣的，應、化身都是隨眾生緣的，眾生不同故。所以是這一類的眾生必須得這一法來進入，就用這一個方法示現一個境界相給他進入。所以藥師琉璃光如來示現那個「相」給他「用」，極樂世界給那個極樂世界攝受眾生用。十方盡法界、虛空界一切諸佛，各個是平等平等的。所以念一佛即一切佛，念一切佛即一佛，涵義是如是。爲什麼有差別呢？眾生差別故。那是我們心裡的差別，我們現在就是妄，我們妄心這個「用」，不能稱「體」。我們的「體」沒有顯現，我們這個「用」是妄用，所以如夢幻泡影。

所以〈普賢行願品〉，舉一微塵即是一切的諸佛法界，一塵中有塵數剎，這個「用」就廣了，是指這個「用」說的。

既然是「體」無障礙故，「相」也無障礙；「相」無障礙故，「用」也無障礙。這都是法界，都是一眞法界。這叫「自體相用」，諸佛證得「自體相用」了，叫「大方廣」。

第四是「佛」。「佛」大家都理解了，平常我們講佛是什麼呢？是「果大」。這七個字，一大一切大。「方大」，「廣大」，「佛大」。「佛大」就是佛的果大。我們講「佛」字，佛者覺也，梵語「佛陀耶」，我們念三皈依的「佛陀耶」，「佛陀耶」就翻覺，覺悟的覺；一個能覺，一個所覺。覺什麼呢？覺體，覺大，覺相，覺方，覺廣，覺用。覺了就是明白了「自體相用」，而且能運用。不但覺世諦，而且還能覺眞諦；不但自覺，還能覺他。到覺行圓滿，究竟成爲佛，覺上頭的「體」，就是覺的是眞諦。覺上的「相」，就是中道義。利益一切眾生，覺悟一切眾生，就是俗諦。能覺的是「佛」，所覺的就是「大方廣」。

我們覺的「用」是「用」到什麼地方去了呢？就是覺世諦，覺「大方廣」是覺眞諦。覺世諦是利益眾生。這樣說就是三諦—眞諦、俗諦、中諦，覺諦。能覺的是「佛」，所覺的是「大方廣」。

第五是「華」，「華」是「因」。無數佛在行菩薩道的時候，「因大」故，所以就感果大。這個「華」，是感因的華，感上頭的果德。表諸佛菩薩的萬行，是用「華」來表現的。感果之「華」，就是做萬行而成就佛的果。這是因與果同時具足的。有時候不具，像我們就不具，只有因，果就沒有成熟；那是理具，事上還不行。等到覺俗諦、覺中諦、覺眞諦，三覺無礙了，究竟覺了，就叫妙覺，妙就是不可思議的意思，那就不可思議了。

我們也知道，這個「華」，是感果華，這是萬行成佛的果，因與果具，因該果海；成佛了之後，就果徹因源。同時，因果交徹故。爲什麼佛的座，或者是極樂世界，都用蓮華來表現？蓮華就是因果交徹的意思。大家想想蓮華，蓮華就是因果交徹的意思。像桃李的華，跟蓮華就不同，就不能作喻了。不是把因壞了而後證果，其它的華是華謝了才結果，蓮華不是的，而是同時具足的，所以拿蓮華來形容。這是萬行的感華果。

還有另一種意思，嚴身的「華」。嚴身的「華」是什麼?像我們都要求神通，諸佛菩薩的神通妙用，那叫嚴身的「華」。神通、智慧、光明，這都是「華」的意思，就是嚴身的「華」。

第六是「嚴」，就是「莊嚴」的意思。用什麼「莊嚴」呢?成就果德了，用這無量的功德，以萬行來嚴他的本體，就是以萬行來嚴前面的「大方廣」。像鏡子似的，能夠照徹一切，光明的。但是鏡子要是落了微塵，非擦抹一下才能亮，不然還照不進去。擦抹得光明相了，才能照得進去，才能嚴得到。這是莊嚴佛果。

《大方廣佛華嚴經》經題，簡單就這麼說，大家要記得。「大方廣」就是「體」，什麼「體」呢?一切眾生都具足這個「體」，佛就證得這個體了。佛在修萬行之因的時候，在修因的因華的時候，證得這個「體」，也就莊嚴這個

「體」。所以叫做《大方廣佛華嚴經》。

「大方廣」，就是「體相用」，誰的「體相用」呢？諸佛的「自體相用」。由於修因的時候，萬行演化，演示「自體相用」的果德，顯示這種道理給一切眾生，教育一切眾生，就是「經」。因爲「經」有常義、貫串（穿）義，好比你萬行很多了，把它貫串一起，像印度的華鬘，把很多華鬘串在一起。

《大方廣佛華嚴經》，這個經題簡單這樣解釋一下子。雖然能夠說得很複雜，大家可能會不好記。你只要記住，我們每個人乃至於每個眾生，每個畜生都包括在內，他們的「自體相用」跟諸佛無二無別。但是，有兩種，一個是本具，雖然我們跟諸佛本具，同等同等，但是我們迷了；要是悟得了，就恢復了，所以要漸修。這一部經所說的道理，就是要你一步一步的漸修，再恢復你本來本具的。雖然原來本具的，但是因爲多生累劫以來，被所做的污染了，弄髒了，不顯現了；你磨練了，把它顯現了，就顯示你本具的「大方廣佛華嚴」的「體」。

最後是「經」的涵義，「經」的講法有十種。我們人家都是初學的，講得太多，攝受不了。

「經」的涵義，不只《華嚴經》，任何經都有這十種涵義。

第一個是「涌泉義」，泉水往上涌，表顯它永遠這樣涌，無盡的意思。說「經」能出生一切諸佛，「經」的涵義無窮。一切眾生都從「經」裡頭而能得到啓悟，從哪部經裡頭呢？這是總說的，一切諸佛的言教，不只是釋迦牟尼佛、阿彌陀佛、藥師佛，這三尊佛是我們熟悉的。像我們念五十三佛、三十五佛，就是八十八佛了，大家都熟悉的，都是含著如是義，所說的話都叫「經」。這是「涌泉義」，就是傳流不息，意味無窮。

第二是「出生」，「經」能夠出生種種義理。

第三是「顯示」，不論是哪部經，當你不明了的時候，經人解說，「顯示」那個道理。

第四，「繩墨」。繩子、墨，就是畫個尺、拉個線，是「繩墨」的意思。木工都要拿著墨線拉線。

第五是「結鬘」的意思，用華串起成爲華鬘。就是把一切諸法貫串起來，使你更容易理解，就叫「經」。

第六是「攝持義」，攝持所化的機。

第七是「常義」，常恆不變的意思。佛所說的話，任何時間都是不變的。並不是過了三千年，佛說的話就變了。沒有！苦就是苦，三萬年也還是苦。

第八，是「法」，「軌生物解，任持自性」。不離自性，使你在這個軌道走，恢復原來的本性。

第九，「徑」。「徑」就是道路的意思，眾生必經之路。要想離苦得樂，要求解脫，你必須得學佛經，知道方法。「經」就是告訴你方法，這就是法則。

第十是「典」。經典、經典。「典」是什麼呢？就是講故事。《華嚴經》就是講故事，每部經都是講故事，所以是典故。

清涼國師解釋經題，就是依著這十種義。

每一部經，除了題的名字標的不同，還有一個涵義也要說明一下。一切經的題目，有三種，或者依人說，或者依法說，或者依喻說，或者依人、法說，或者依法、喻說。《大方廣佛華嚴經》三種都有，就是人、法、喻合成的；「大方廣」是法，「佛」是人，「華嚴」是喻，人、法、喻三種。《金剛般若波羅蜜經》，就是法和喻，「金剛」是喻，「般若」是法。《佛說阿彌陀經》，就是人。單人爲題，單法爲題，法喻合成爲題，不外這七種。這是全經的題。以後有因緣我們再講《華嚴經》經文吧！

國家圖書館出版品預行編目資料

華嚴經疏論導讀 / 夢參老和尚主講 ; 方廣編輯部整理.
-- 二版. -- 臺北市 : 方廣文化,
2019.01　面 ;　公分
ISBN 978-986-7078-90-2 (精裝)
1.華嚴部
221.2　107014756

# 華嚴經疏論導讀

主講：上夢下參老和尚
錄音：梁國英居士
整理：方廣編輯部
出版：方廣文化事業有限公司
住址：台北市大安區和平東路一段
◎地址變更：二〇二四年已搬遷 通訊地址改 台北青田郵局第一二〇號信箱（方廣文化）
電話：(〇二)二三九二—〇〇〇三
傳真：(〇二)二三九一—九六〇三
劃撥帳號：一七六二三四六三
戶名：方廣文化事業有限公司
封面設計：大觀創意團隊
印製：鎏坊設計工作室
裝訂：精益裝訂有限公司
經銷：飛鴻國際行銷有限公司
電話：(〇二)八二一八—六六八八
傳真：(〇二)八二一八—六四五八
出版日期：公元二〇一九年元月 二版一刷
定價：新台幣三二〇元（軟精裝）
行政院新聞局出版登記證：局版臺業字第六〇九〇號
網址：www.fangoan.com.tw
電子信箱：fangoan@ms37.hinet.net

No.H206A

# 方廣文化出版品目錄〈一〉

**夢參老和尚系列**
書籍類

## ● 華嚴

H203 淨行品講述
H224 梵行品新講
H205 華嚴經普賢行願品講述
H206 華嚴經疏論導讀
H255 普賢行願品大意
H208 淺說華嚴大意
HP01 大乘起信論淺述
H209 世主妙嚴品(三冊)【八十華嚴講述 ①②③ 】
H210 如來現相品．普賢三昧品【八十華嚴講述④】
H211 世界成就品．華藏世界品．毘盧遮那品【八十華嚴講述⑤】
H212 如來名號品．四聖諦品．光明覺品【八十華嚴講述⑥】
H213 菩薩問明品【八十華嚴講述⑦】
H214 淨行品【八十華嚴講述⑧】
H215 賢首品【八十華嚴講述⑨】

## ● 地藏三經

### 地藏經

D506 地藏菩薩本願經講述(全套三冊)
D516 淺說地藏經大意

### 占察經

D509 占察善惡業報經講記(附HIPS材質占察輪及修行手冊)
D512 占察善惡業報經新講《增訂版》

### 大乘大集地藏十輪經 D507(全套六冊)

D507-1 地藏菩薩的止觀法門(序品 第一冊)
D507-2 地藏菩薩的觀呼吸法門(十輪品 第二冊)
D507-3 地藏菩薩的戒律法門(無依行品 第三冊)
D507-4 地藏菩薩的解脫法門(有依行品 第四冊)
D507-5 地藏菩薩的懺悔法門(懺悔品 善業道品 第五冊)
D507-6 地藏菩薩的念佛法門(福田相品 獲益囑累品 第六冊)

# 方廣文化出版品目錄〈二〉

## 夢參老和尚系列

### 書籍類

**● 楞 嚴**

LY01 淺說五十種禪定陰魔—《楞嚴經》五十陰魔章
L345 楞嚴經淺釋 (全套三冊)

**● 天台**

T305 妙法蓮華經導讀

**● 般 若**

B410 般若波羅蜜多心經講述《合輯本》
B406 金剛經
B409 淺說金剛經大意

**● 開 示 錄**

S902 修行 ①
Q905 向佛陀學習【增訂版】②
Q906 禪・簡單啟示【增訂版】③
Q907 正念 ④
Q908 觀照 ⑤

### DVD

D-1A 世主妙嚴品《八十華嚴講述》(60講次30片珍藏版)
D-501 大乘大集地藏十輪經 (上下集共73講次37片)
D-101 大方廣佛華嚴經《八十華嚴講述》
(繁體中文字幕 全套482講次 DVD 光碟452片)

### CD

P-05 金剛般若波羅蜜經 (16片精緻套裝)

### 錄音帶

P-02 地藏菩薩本願經 (19卷)

# 方廣文化出版品目錄〈三〉

**地藏系列**

D503 地藏三經（經文版）
(地藏菩薩本願經、大乘大集地藏十輪經、占察善惡業報經)

D511 占察善惡業報經行法 (占察拜懺本) (中摺本)

**華嚴系列**

H201 華嚴十地經論
H202 十住毘婆沙論
H207 大方廣佛華嚴經 (八十華嚴) (全套八冊)

**般若系列**

B402 小品般若經
B403A 大乘理趣六波羅蜜多經
B404A 能斷金剛經了義疏 (附心經頌釋)
B408 摩訶般若波羅蜜經 (中品般若) (全套三冊)

**天台系列**

T302 摩訶止觀
T303 無量義經 (中摺本)
T304 觀普賢菩薩行法經 (中摺本)

**部派論典系列**

S901A 阿毘達磨法蘊足論
Q704 阿毗達磨俱舍論 (全套二冊)
S903 法句經 (古譯本) (中摺本)

**瑜伽唯識系列**

U801 瑜伽師地論 (全套四冊)
U802A 大乘阿毗達磨集論
B803 成唯識論
B804A 大乘百法明門論解疏
B805 攝大乘論暨隨錄

**憨山大師系列**

HA01 楞嚴經通議 (全套二冊)

# 方廣文化出版品目錄〈四〉

**密宗系列**

M001 菩提道次第略論釋 (全套四冊)
M002 勝集密教王五次第論
M003 入中論釋
M004 大乘寶要義論 (諸經要集)
M006 菩提道次第略論
M007 寂天菩薩全集
M008 菩提道次第廣論
M010 菩提道次第修法筆記
M011 白度母修法 (延壽法門修法講解)
M012 中陰–死亡時刻的解脫
M018 菩提道次第廣論集註(卷一～卷十三)
M019 佛教的本質–《佛教哲學與大手印導引》

**能海上師系列**

N601 般若波羅蜜多教授現證莊嚴論名句頌解
N602 菩提道次第論科頌講記
N345 戒定慧基本三學
N606 能海上師傳
N607 現證莊嚴論清涼記
N608 菩提道次第心論

**論頌系列**

L101 四部論頌
(釋量論頌 現證莊嚴論頌 入中論頌 俱舍論頌)
L102 中觀論頌 (中摺本)
L103 入菩薩行論頌 (中摺本)
L104A 彌勒菩薩五部論頌
L105A 龍樹菩薩論頌集
L106 中觀論頌釋
R001 入中論頌 (小摺本)

# 方廣文化出版品目錄〈五〉

**南傳佛教系列**

SE01 內觀基礎
SE04 緬甸禪坐
SE05 七種覺悟的因素
SE06 南傳大念處經(中摺本)
SE07 三十七道品導引手冊《阿羅漢的足跡增訂版》
SE08 內觀基礎《從身體中了悟解脫的真相》
SE09 緬甸禪坐《究竟的止觀之道》(增訂版)

**其他系列**

Q701 單老居士文集
Q702 肇論講義
Q703B 影 塵-倓虛老法師回憶錄
Q705 佛學小辭典 (隨身版)
ZA01 參 禪《虛雲老和尚禪七開示》
ZA02 禪淨雙修《虛雲老和尚開示錄》
Z005《禪宗公案》-李潤生著

方廣文化事業有限公司
http://www.fangoan.com.tw